净土五经

阿弥陀经

无量寿经

观无量寿经

普贤行愿品

大势至菩萨念佛圆通章

竹和松出版社

©2019 竹和松出版社（Zhu & Song Press）

出版：竹和松出版社（Zhu & Song Press）

Zhu & Song Press, LLC

责任编辑：朱晓红

责编信箱：editor@zhuandsongpress.com

zhuandsongpress@gmail.com

封面设计：竹和松传媒

出版社网址：www.zhuandsongpress.com

印刷地：美国

发行：全球

ISBN-13: 978-1-950797-04-2

ISBN-10: 1-950797-04-X

版权所有，侵权必究

内容简介

一、《无量寿经》

佛教经典。全称《佛说无量寿经》。净土三经之一。此经说无量寿佛(阿弥陀佛)的因地修行,果满成佛,国土庄严,摄受十方念佛众生往生彼国等事。此经前后有十二译,存五译、失七译,会集、节略本四本。经中介绍了阿弥陀佛(无量寿佛)接引众生的大愿、极乐世界的美好景象,以及娑婆世界的污秽不堪等内容。

二、《阿弥陀经》

佛教经典。亦称《小无量寿经》,简称《小经》。与《无量寿经》、《观无量寿经》合称净土三经。一般认为在1~2世纪印度贵霜王朝时期已流行于犍陀罗地区。

三、《观无量寿经》

佛教经典。简称《观经》。与《阿弥陀经》、《无量寿经》合称净土三部经。宋畺良耶舍译。另有异译一种,已佚。此经进一步发挥了《无量寿经》的净土思想,叙述释迦牟尼佛应韦提希夫人之请,在频婆娑罗宫为信众讲述观想阿弥陀佛的身相和极乐净土庄严的十六种观想方法(十六观)。

未发现梵本,亦无藏译本,但在中国新疆地区曾发现维吾尔文译本的残片。日本学者高楠顺次郎应马克斯·缪勒之请,据现行本译成英文,与《阿弥陀经》等一起,载《东方圣书》第49卷。

四、《普贤行愿品》

《普贤行愿品》出自《华严经》,在汉地历史上,《华严经》共有三个译本——《六十华严》、《八十华严》和《四十华严》。《四十华严》也是由罽宾国三藏般若所译,全经共有四十卷,这个译本末尾有《普贤行愿品》。《普贤行愿品》是佛教的发愿之王,《华严经》的所有内容可以圆满归摄于其中,因此人们又称其为"小华严经"。其实《普贤行愿品》并不是佛宣说的,它是普贤菩萨为善财童子宣说的,因此它属于佛加持所成的佛经。

五、《大势至菩萨念佛圆通章》

大势至菩萨念佛圆通章,出自《楞严经》第五卷,由于净土宗第十三代祖师印光大师的提倡,成为中国净土宗五经一论中的一品经。它的文字非常少,总共只有两百四十四个字,人们都认为《心经》是所有《般若经》的精髓,《大势至菩萨念佛圆通章》就相当于净土宗的《心经》。在楞严会上,释迦牟尼佛询问诸大菩萨进入禅定、获得开悟的方法,大势至菩萨说他以念佛方法修学成功,其关键在于"都摄六根,净念相继",集中心思,忆佛念佛,维持净念,相续不断。

目录

佛说大乘无量寿庄严清净平等觉经 1

佛说阿弥陀经 23

佛说观无量寿经 26

大方广佛华严经普贤行愿品 37

大势至菩萨念佛圆通章 45

佛说大乘无量寿庄严清净平等觉经

曹魏康僧铠译

法会圣众第一

如是我闻：一时佛在王舍城耆阇崛山中，与大比丘众万二千人俱。一切大圣，神通已达。其名曰：尊者憍陈如、尊者舍利弗、尊者大目犍连、尊者迦叶、尊者阿难等，而为上首；又有普贤菩萨、文殊师利菩萨、弥勒菩萨，及贤劫中一切菩萨，皆来集会。

德遵普贤第二

又贤护等十六正士，所谓善思惟菩萨、慧辩才菩萨、观无住菩萨、神通华菩萨、光英菩萨、宝幢菩萨、智上菩萨、寂根菩萨、信慧菩萨、愿慧菩萨、香象菩萨、宝英菩萨、中住菩萨、制行菩萨、解脱菩萨，而为上首。

咸共遵修普贤大士之德，具足无量行愿，安住一切功德法中。游步十方，行权方便。入佛法藏，究竟彼岸。愿于无量世界成等正觉。

舍兜率，降王宫，弃位出家，苦行学道，作斯示现，顺世间故。以定慧力，降伏魔怨。得微妙法，成最正觉。天人归仰，请转法轮。常以法音觉诸世间。破烦恼城，坏诸欲堑。洗濯垢污，显明清白。调众生，宣妙理，贮功德，示福田。以诸法药救疗三苦。升灌顶阶，授菩提记。为教菩萨，作阿阇黎，常习相应无边诸行。成熟菩萨无边善根。无量诸佛咸共护念。诸佛刹中，皆能示现。譬善幻师，现众异相。于彼相中，实无可得。此诸菩萨，亦复如是。通诸法性。达众生相。供养诸佛。开导群生。化现其身。犹如电光。裂魔见网，解诸缠缚。远超声闻辟支佛地。入空、无相、无愿法门。善立方便，显示三乘。于此中下，而现灭度。

得无生无灭诸三摩地，及得一切陀罗尼门。随时悟入华严三昧。具足总持百千三昧。住深禅定。悉睹无量诸佛。于一念顷，遍游一切佛土。得佛辩才，住普贤行。善能分别众生语言。开化显示真实之际。超过世间诸所有法。心常谛住度世之道。于一切万物，随意自在。为诸庶类作不请之友。受持如来甚深法藏。护佛种性常使不绝。兴大悲，愍有情。演慈辩，授法眼。杜恶趣，开善门。于诸众生，视若自己。拯济负荷，皆度彼岸。悉获诸佛无量功德。智慧圣明，不可思议。

如是等诸大菩萨，无量无边，一时来集。又有比丘尼五百人，清信士七千人，清信女五百人，欲界天、色界天、诸天梵众，悉共大会。

大教缘起第三

尔时世尊，威光赫奕，如融金聚。又如明镜，影畅表里。现大光明，数千百变。尊者阿难，即自思惟。今日世尊色身诸根，悦豫清净。光颜巍巍。宝刹庄严。从昔以来，所未曾见。喜得瞻仰，生希有心。即从座起，偏袒右肩，长跪合掌，而白佛言：世尊今日入大寂定。住奇特法。住诸佛所住导师之行，最胜之道。去来现在佛佛相念。为念过去未来诸佛耶？为念现在他方诸佛耶？何故威神显耀，光瑞殊妙乃而。愿为宣说。

于是世尊，告阿难言：善哉善哉！汝为哀愍利乐诸众生故，能问如是微妙之义。汝今斯问，胜于供养一天下阿罗汉、辟支佛，布施累劫诸天人民，蜎飞蠕动之类，功德百千万倍。何以故？当来诸天人民一切含灵，皆因汝问而得度脱故。

阿难：如来以无尽大悲，矜哀三界，所以出兴于世。光阐道教，欲拯群萌，惠以真实之利。难值难见。如优昙花，希有出现。汝今所问，多所饶益。阿难当知：如来正觉，其智难量。无有障碍。能于念顷，住无量亿劫。身及诸根，无有增减。所以者何？如来定慧，究畅无极。于一切法，而得最胜自在故。阿难谛听，善思念之。吾当为汝，分别解说。

法藏因地第四

佛告阿难：过去无量不可思议无央数劫，有佛出世，名世间自在王如来、应供、等正觉、明行足、善逝、世间解、无上士、调御丈夫、天人师、佛世尊。在世教授四十二劫。时为诸天及世人民说经讲道。

有大国主名世饶王。闻佛说法，欢喜开解，寻发无上真正道意。弃国捐王，行作沙门。号曰法藏。修菩萨道。高才勇哲，与世超异，信解明记，悉皆第一。又有殊胜行愿，及念慧力。增上其心，坚固不动。修行精进，无能逾者。往诣佛所，顶礼长跪，向佛合掌，即以伽他赞佛，发广大愿。颂曰：

如来微妙色端严　　一切世间无有等
光明无量照十方　　日月火珠皆匿曜
世尊能演一音声　　有情各各随类解
又能现一妙色身　　普使众生随类见
愿我得佛清净声　　法音普及无边界
宣扬戒定精进门　　通达甚深微妙法
智慧广大深如海　　内心清净绝尘劳
超过无边恶趣门　　速到菩提究竟岸
无明贪嗔皆永无　　惑尽过亡三昧力

亦如过去无量佛　　为彼群生大导师
能救一切诸世间　　生老病死众苦恼
常行布施及戒忍　　精进定慧六波罗
未度有情令得度　　已度之者使成佛
假令供养恒沙圣　　不如坚勇求正觉
愿当安住三摩地　　恒放光明照一切
感得广大清净居　　殊胜庄严无等伦
轮回诸趣众生类　　速生我刹受安乐
常运慈心拔有情　　度尽无边苦众生
我行决定坚固力　　唯佛圣智能证知
纵使身止诸苦中　　如是愿心永不退

至心精进第五

法藏比丘说此偈已，而白佛言：我今为菩萨道，已发无上正觉之心，取愿作佛，悉令如佛。愿佛为我广宣经法。我当奉持，如法修行。拔诸勤苦生死根本，速成无上正等正觉。欲令我作佛时，智慧光明，所居国土，教授名字，皆闻十方。诸天人民及蜎蠕类，来生我国，悉作菩萨。我立是愿，都胜无数诸佛国者，宁可得否？

世间自在王佛，即为法藏而说经言：譬如大海一人斗量，经历劫数尚可穷底。人有至心求道，精进不止，会当克果，何愿不得。汝自思惟，修何方便，而能成就佛刹庄严。如所修行，汝自当知。清净佛国，汝应自摄。法藏白言：斯义宏深，非我境界。惟愿如来应正遍知，广演诸佛无量妙刹。若我得闻，如是等法，思惟修习，誓满所愿。

世间自在王佛知其高明，志愿深广，即为宣说二百一十亿诸佛刹土，功德严净、广大圆满之相，应其心愿悉现与之。说是法时，经千亿岁。尔时法藏闻佛所说，皆悉睹见，起发无上殊胜之愿。于彼天人善恶，国土粗妙，思惟究竟。便一其心，选择所欲，结得大愿，精勤求索，恭慎保持。修习功德满足五劫。于彼二十一俱胝佛土，功德庄严之事，明了通达，如一佛刹。所摄佛国，超过于彼。

即摄受已，复诣世自在王如来所，稽首礼足，绕佛三匝，合掌而住。白言世尊：我已成就庄严佛土，清净之行。佛言善哉！今正是时。汝应具说，令众欢喜。亦令大众，闻是法已，得大善利。能于佛刹，修习摄受，满足无量大愿。

发大誓愿第六

法藏白言：唯愿世尊，大慈听察。

（我若证得无上菩提，成正觉已，所居佛刹，具足无量不可思议功德庄严。无有地狱、饿鬼、禽兽、蜎飞蠕动之类。所有一切众生，以及焰摩罗界，三恶道中，来生我刹，受我法化，悉成阿耨多罗三藐三菩提，不复更堕恶趣。得是愿，乃作佛。不得是愿，不取无上正觉。

我作佛时，十方世界，所有众生，令生我刹，皆具紫磨真金色身；三十二种大丈夫相；端正净洁，悉同一类。若形貌差别，有好丑者，不取正觉。

我作佛时，所有众生，生我国者，自知无量劫时宿命。所作善恶，皆能洞视，彻听，知十方去来现在之事。不得是愿，不取正觉。

我作佛时，所有众生，生我国者，皆得他心智通。若不悉知亿那由他百千佛刹，众生心念者，不取正觉。。

我作佛时，所有众生，生我国者，皆得神通自在，波罗蜜多。于一念顷，不能超过亿那由他百千佛刹，周遍巡历，供养诸佛者，不取正觉。

我作佛时，所有众生，生我国者，远离分别，诸根寂静。若不决定成等正觉，证大涅槃者，不取正觉。

我作佛时，光明无量，普照十方，绝胜诸佛，胜于日月之明千万亿倍。若有众生，见我光明，照触其身，莫不安乐，慈心作善，来生我国。若不尔者，不取正觉。

我作佛时，寿命无量，国中声闻天人无数，寿命亦皆无量。假令三千大千世界众生，悉成缘觉，于百千劫，悉共计校，若能知其量数者，不取正觉。

我作佛时，十方世界无量刹中，无数诸佛，若不共称叹我名，说我功德国土之善者，不取正觉。

我作佛时，十方众生，闻我名号，至心信乐。所有善根，心心回向，愿生我国。乃至十念，若不生者，不取正觉。唯除五逆，诽谤正法。

我作佛时，十方众生，闻我名号，发菩提心，修诸功德，奉行六波罗蜜，坚固不退。复以善根回向，愿生我国。一心念我，昼夜不断。临寿终时，我与诸菩萨众迎现其前。经须臾间，即生我刹，作阿惟越致菩萨。不得是愿，不取正觉。

我作佛时，十方众生，闻我名号，系念我国，发菩提心，坚固不退。植众德本，至心回向，欲生极乐，无不遂者。若有宿恶，闻我名字，即自悔过，为道作善，便持经戒，愿生我刹，命终不复更三恶道，即生我国。若不尔者，不取正觉。

我作佛时，国无妇女。若有女人，闻我名字，得清净信，发菩提心，厌患女身，愿生我国。命终即化男子，来我刹土。十方世界诸众生类，生我国者，皆于七宝池莲华中化生。若不尔者，不取正觉。

我作佛时，十方众生，闻我名字，欢喜信乐，礼拜归命。以清净心，修菩萨行。诸天世人，莫不致敬。若闻我名，寿终之后，生尊贵家，诸根无缺。常修殊胜梵行。若不尔者，不取正觉。

我作佛时，国中无不善名。所有众生，生我国者，皆同一心，住于定聚。永离热恼，心得清凉。所受快乐，犹如漏尽比丘。若起想念，贪计身者，不取正觉。

我作佛时，生我国者，善根无量，皆得金刚那罗延身，坚固之力。身顶皆有光明照耀。成就一切智慧。获得无边辩才。善谈诸法秘要。说经行道，语如钟声。若不尔者，不取正觉。

我作佛时，所有众生，生我国者，究竟必至一生补处。除其本愿，为众生故，被弘誓铠，教化一切有情，皆发信心，修菩提行，行普贤道。虽生他方世界，永离恶趣。或乐说法，或乐听法，或现神足，随意修习，无不圆满。若不尔者，不取正觉。

我作佛时，生我国者，所须饮食、衣服、种种供具，随意即至，无不满愿。十方诸佛，应念受其供养。若不尔者，不取正觉。

我作佛时，国中万物，严净、光丽，形色殊特。穷微极妙，无能称量。其诸众生，虽具天眼，有能辨其形色、光相、名数，及总宣说者，不取正觉。

我作佛时，国中无量色树，高或百千由旬。道场树高，四百万里。诸菩萨中，虽有善根劣者，亦能了知。欲见诸佛净国庄严，悉于宝树间见。犹如明镜，睹其面像。若不尔者，不取正觉。

我作佛时，所居佛刹，广博严净，光莹如镜，彻照十方无量无数不可思议诸佛世界。众生睹者，生希有心。若不尔者，不取正觉。

我作佛时，下从地际，上至虚空，宫殿楼观，池流华树，国土所有一切万物，皆以无量宝香合成。其香普熏十方世界。众生闻者，皆修佛行。若不尔者，不取正觉。

我作佛时，十方佛刹诸菩萨众，闻我名已，皆悉逮得清净解脱、普等三昧，诸深总持。住三摩地，至于成佛。定中常供无量无边一切诸佛，不失定意。若不尔者，不取正觉。

我作佛时，他方世界诸菩萨众，闻我名者，证离生法，获陀罗尼。清净欢喜，得平等住。修菩萨行，具足德本。应时不获一二三忍。于诸佛法，不能现证不退转者，不取正觉。

必成正觉第七

佛告阿难：尔时法藏比丘说此愿已，以偈颂曰：

我建超世志　必至无上道
斯愿不满足　誓不成等觉
复为大施主　普济诸穷苦
令彼诸群生　长夜无忧恼
出生众善根　成就菩提果
我若成正觉　立名无量寿
众生闻此号　俱来我刹中
如佛金色身　妙相悉圆满
亦以大悲心　利益诸群品

离欲深正念　净慧修梵行
愿我智慧光　普照十方刹
消除三垢冥　明济众厄难
悉舍三途苦　灭诸烦恼暗
开彼智慧眼　获得光明身
闭塞诸恶道　通达善趣门
为众开法藏　广施功德宝
如佛无碍智　所行慈愍行
常作天人师　得为三界雄
说法师子吼　广度诸有情
圆满昔所愿　一切皆成佛
斯愿若克果　大千应感动
虚空诸天神　当雨珍妙华

佛告阿难：法藏比丘，说此颂已，应时普地六种震动。天雨妙华，以散其上。自然音乐空中赞言，决定必成无上正觉。

积功累德第八

阿难：法藏比丘于世自在王如来前，及诸天人大众之中，发斯弘誓愿已，住真实慧，勇猛精进，一向专志庄严妙土，所修佛国，开廓广大，超胜独妙，建立常然，无衰无变。于无量劫，积植德行，不起贪嗔痴欲诸想，不著色声香味触法。但乐忆念过去诸佛，所修善根。行寂静行，远离虚妄。依真谛门，植众德本。不计众苦，少欲知足。专求白法，惠利群生。志愿无倦，忍力成就。于诸有情，常怀慈忍，和颜爱语，劝谕策进。恭敬三宝，奉事师长。无有虚伪谄曲之心。庄严众行，轨范具足。观法如化，三昧常寂。善护口业，不讥他过。善护身业，不失律仪。善护意业，清净无染。所有国城、聚落、眷属、珍宝，都无所著。恒以布施、持戒、忍辱、精进、禅定、智慧，六度之行，教化安立众生，住于无上真正之道。

由成如是诸善根故，所生之处，无量宝藏，自然发应。或为长者、居士、豪姓尊贵；或为刹利国王、转轮圣帝；或为六欲天主，乃至梵王。于诸佛所，尊重供养，未曾间断。如是功德说不能尽。身口常出无量妙香，犹如栴檀、优钵罗华。其香普熏无量世界。随所生处，色相端严。三十二相、八十种好，悉皆具足。手中常出无尽之宝，庄严之具，一切所须，最上之物，利乐有情。由是因缘，能令无量众生，皆发阿耨多罗三藐三菩提心。

圆满成就第九

佛告阿难：法藏比丘，修菩萨行，积功累德，无量无边。于一切法，而得自在。非是语言分别之所能知。所发誓愿圆满成就，如实安住，具足庄严、威德广大、清净佛土。阿难闻佛所说，白世尊言：法藏菩萨成菩提者，为是过去佛耶？未来佛耶？为今现在他方世界耶？

世尊告言：彼佛如来，来无所来，去无所去。无生无灭，非过现未来。但以酬愿度生，现在西方，去阎浮提百千俱胝那由他佛刹，有世界名曰极乐。法藏成佛号阿弥陀。成佛以来，于今十劫。今现在说法。有无量无数菩萨、声闻之众，恭敬围绕。

皆愿作佛第十

佛说阿弥陀佛为菩萨求得是愿时，阿阇王子，与五百大长者，闻之皆大欢喜。各持一金华盖，俱到佛前作礼。以华盖上佛已，却坐一面听经。心中愿言：令我等作佛时，皆如阿弥陀佛。佛即知之。告诸比丘：是王子等，后当作佛。彼于前世住菩萨道，无数劫来，供养四百亿佛。迦叶佛时，彼等为我弟子，今供养我，复相值也。时诸比丘闻佛言者，莫不代之欢喜。

国界严净第十一

佛语阿难：彼极乐界，无量功德，具足庄严。永无众苦、诸难、恶趣、魔恼之名。亦无四时、寒暑、雨冥之异。复无大小江海、丘陵坑坎，荆棘沙砾，铁围、须弥、土石等山。唯以自然七宝，黄金为地。宽广平正，不可限极。微妙奇丽，清净庄严。超逾十方一切世界。阿难闻已，白世尊言：若彼国土无须弥山，其四天王天，及忉利天依何而住？

佛告阿难：夜摩、兜率乃至色无色界，一切诸天，依何而住？阿难白言：不可思议业力所致。佛语阿难：不思议业，汝可知耶？汝身果报不可思议。众生业报亦不可思议。众生善根不可思议。诸佛圣力、诸佛世界亦不可思议。其国众生，功德善力，住行业地，及佛神力，故能尔耳。阿难白言：业因果报，不可思议。我于此法，实无所惑。但为将来众生破除疑网，故发斯问。

光明遍照第十二

佛告阿难：阿弥陀佛威神光明，最尊第一。十方诸佛，所不能及。遍照东方恒沙佛刹。南西北方，四维上下，亦复如是。若化顶上圆光，或一二三四由旬，或百千万亿由旬。诸佛光明，或照一二佛刹，或照百千佛刹。唯阿弥陀佛，光明普照无量无边无数佛刹。诸佛光明所照远近，本其前世求道所愿功德大小不同。至作佛时，各自得之。自在所作不为预计。

阿弥陀佛光明善好，胜于日月之明，千亿万倍。光中极尊，佛中之王。是故无量寿佛，亦号无量光佛；亦号无边光佛、无碍光佛、无等光佛；亦号智慧光、常照光、清净光、欢喜光、解脱光、安隐光、超日月光、不思议光。如是光明，普照十方一切世界。其有众生，遇斯光者，垢灭善生，身意柔软。若在三途极苦之处，见此光明皆得休息。命终皆得解脱。若有众生闻其光明威神功德，日夜称说，至心不断，随意所愿，得生其国。

寿众无量第十三

佛语阿难：无量寿佛，寿命长久，不可称计。又有无数声闻之众，神智洞达，威力自在，能于掌中持一切世界。我弟子中大目犍连，神通第一。三千大千世界，所有一切星宿众生，于一昼夜，悉知其数。假使十方众生，悉成缘觉。一一缘觉，寿万亿岁。神通皆如大目犍连。尽其寿命，竭其智力，悉共推算，彼佛会中声闻之数，千万分中不及一分。譬如大海，深广无边。设取一毛，析为百分，碎如微尘。以一毛尘，沾海一滴。此毛尘水，比海孰多？阿难：彼目犍连等所知数者，如毛尘水。所未知者，如大海水。彼佛寿量，及诸菩萨、声闻、天人寿量亦尔，非以算计譬喻之所能知。

宝树遍国第十四

彼如来国，多诸宝树。或纯金树、纯白银树、琉璃树、水晶树、琥珀树、美玉树、玛瑙树，唯一宝成，不杂余宝。或有二宝三宝，乃至七宝，转共合成。根茎枝干，此宝所成。华叶果实，他宝化作。或有宝树，黄金为根，白银为身，琉璃为枝，水晶为梢，琥珀为叶，美玉为华，玛瑙为果。其余诸树，复有七宝，互为根干枝叶华果，种种共成。各自异行。行行相值，茎茎相望，枝叶相向，华实相当。荣色光曜，不可胜视。清风时发，出五音声。微妙宫商，自然相和。是诸宝树，周遍其国。

菩提道场第十五

又其道场，有菩提树，高四百万里。其本周围五千由旬。枝叶四布二十万里。一切众宝自然合成。华果敷荣，光晖遍照。复有红绿青白诸摩尼宝，众宝之王以为璎珞。云聚宝锁，饰诸宝柱。金珠铃铎，周匝条间。珍妙宝网，罗覆其上。百千万色，互相映饰。无量光炎，照耀无极。一切庄严，随应而现。微风徐动，吹诸枝叶，演出无量妙法音声。其声流布，遍诸佛国。清畅哀亮，微妙和雅。十方世界音声之中，最为第一。若有众生，睹菩提树，闻声，嗅香，尝其果味，触其光影，念树功德，皆得六根清彻，无诸恼患。住不退转，至成佛道。复由见彼树故，获三种忍：一音响忍。二柔顺忍。三者无生法忍。佛告阿难：如是佛刹，华果树木，与诸众生，而作佛事。此皆无量寿佛，威神力故，本愿力故，满足愿故，明了、坚固、究竟愿故。

堂舍楼观第十六

又无量寿佛讲堂精舍，楼观栏楯，亦皆七宝自然化成。复有白珠摩尼以为交络，明妙无比。诸菩萨众，所居宫殿，亦复如是。中有在地讲经、诵经者；有在地受经、听经者；有在地经行者，思道及坐禅者；有在虚空讲诵受听者，经行、思道及坐禅者。或得须陀洹，或得斯陀含，或得阿那含、阿罗汉。未得阿惟越致者，则得阿惟越致。各自念道、说道、行道，莫不欢喜。

泉池功德第十七

又其讲堂左右，泉池交流。纵广深浅，皆各一等，或十由旬、二十由旬，乃至百千由旬。湛然香洁，具八功德。岸边无数栴檀香树，吉祥果树，华果恒芳，光明照耀。修条密叶，交覆于池。出种种香，世无能喻。随风散馥，沿水流芬。又复池饰七宝，地布金沙。优钵罗华、钵昙摩华、拘牟头华、芬陀利华，杂色光茂，弥覆水上。若彼众生，过浴此水，欲至足者，欲至膝者，欲至腰腋，欲至颈者，或欲灌身，或欲冷者、温者、急流者、缓流者，其水一一随众生意，开神悦体，净若无形。宝沙映澈，无深不照。微澜徐回，转相灌注。波扬无量微妙音声；或闻佛法僧声、波罗蜜声、止息寂静声、无生无灭声、十力无畏声；或闻无性无作无我声、大慈大悲喜舍声、甘露灌顶受位声。得闻如是种种声已，其心清净，无诸分别；正直平等，成熟善根。随其所闻，与法相应。其愿闻者，辄独闻之；所不欲闻，了无所闻。永不退于阿耨多罗三藐三菩提心。十方世界诸往生者，皆于七宝池莲华中，自然化生。悉受清虚之身、无极之体。不闻三途恶恼苦难之名，尚无假设，何况实苦。但有自然快乐之音，是故彼国，名为极乐。

超世希有第十八

彼极乐国，所有众生，容色微妙，超世希有。咸同一类，无差别相。但因顺余方俗，故有天人之名。佛告阿难：譬如世间贫苦乞人，在帝王边，面貌形状宁可类乎？帝王若比转轮圣王，则为鄙陋，犹彼乞人，在帝王边也。转轮圣王，威相第一，比之忉利天王，又复丑劣。假令帝释，比第六天，虽百千倍不相类也。第六天王，若比极乐国中，菩萨声闻，光颜容色，虽万亿倍，不相及逮。所处宫殿，衣服饮食，犹如他化自在天王。至于威德、阶位、神通变化，一切天人，不可为比，百千万亿，不可计倍。阿难应知：无量寿佛极乐国土，如是功德庄严，不可思议。

受用具足第十九

复次极乐世界，所有众生，或已生，或现生，或当生，皆得如是诸妙色身。形貌端严。福德无量。智慧明了。神通自在。受用种种，一切丰足。宫殿、服饰、香花、幡盖庄严之具，随意所须，悉皆如念。若欲食时，七宝钵器自然在前，百味饮食自然盈满。虽有此食，实无食者。但见色闻香以意为食。色力增长而无便秽。身心柔软，无所味著。事已化去，时至复现。复有众宝妙衣、冠带、璎珞，无量光明，百千妙色，悉皆具足，自然在身。所居舍宅，称其形色。宝网弥覆，悬诸宝铃。奇妙珍异，周遍校饰。光色晃曜，尽极严丽。楼观栏楯，堂宇房阁，广狭方圆，或大或小，或在虚空，或在平地，清净安隐，微妙快乐。应念现前，无不具足。

德风华雨第二十

其佛国土，每于食时，自然德风徐起，吹诸罗网，及众宝树，出微妙音，演说苦、空、无常、无我诸波罗蜜。流布万种温雅德香。其有闻者，尘劳垢习，自然不起。风触其身，安和调适，犹如比丘得灭尽定。复吹七宝林树，飘华成聚。种种色光，遍满佛土。随色次第，而不杂乱。柔软光洁，如兜罗绵。足履其上，没深四指。随足举已，还复如初。过食时后，其华自没。大地清净，更雨新华。随其时节，还复周遍。与前无异，如是六反。

宝莲佛光第二十一

又众宝莲华周满世界。一一宝华百千亿叶。其华光明，无量种色。青色青光。白色白光。玄黄朱紫，光色亦然。复有无量妙宝百千摩尼，映饰珍奇，明曜日月。彼莲华量，或半由旬，或一二三四，乃至百千由旬。一一华中，出三十六百千亿光。一一光中，出三十六百千亿佛。身色紫金，相好殊特。一一诸佛，又放百千光明，普为十方说微妙法。如是诸佛，各各安立无量众生于佛正道。

决证极果第二十二

复次阿难：彼佛国土，无有昏暗、火光、日月、星曜、昼夜之象，亦无岁月劫数之名，复无住著家室。于一切处，既无标式名号，亦无取舍分别。唯受清净最上快乐。若有善男子、善女人，若已生，若当生，皆悉住于正定之聚。决定证于阿耨多罗三藐三菩提。何以故？若邪定聚，及不定聚，不能了知建立彼因故。

十方佛赞第二十三

复次阿难：东方恒河沙数世界，一一界中如恒沙佛，各出广长舌相，放无量光，说诚实言，称赞无量寿佛不可思议功德。南西北方恒沙世界，诸佛称赞亦复如是；四维上下恒沙世界，诸佛称赞亦复如是。何以故？欲令他方所有众生闻彼佛名，发清净心。忆念受持，归依供养。乃至能发一念净信，所有善根，至心回向，愿生彼国。随愿皆生，得不退转，乃至无上正等菩提。

三辈往生第二十四

佛告阿难：十方世界诸天人民，其有至心愿生彼国，凡有三辈。

其上辈者，舍家弃欲而作沙门。发菩提心。一向专念阿弥陀佛。修诸功德，愿生彼国。此等众生，临寿终时，阿弥陀佛，与诸圣众，现在其前。经须臾间，即随彼佛往生其国。便于七宝华中自然化生。智慧勇猛，神通自在。是故阿难：其有众生欲于今世见阿弥陀佛者，应发无上菩提之心。复当专念极乐国土。积集善根，应持回向。由此见佛，生彼国中，得不退转，乃至无上菩提。

其中辈者，虽不能行作沙门，大修功德，当发无上菩提之心。一向专念阿弥陀佛。随己修行，诸善功德，奉持斋戒，起立塔像，饭食沙门，悬缯然灯，散华烧香，以此回向，愿生彼国。其人临终，阿弥陀佛化现其身，光明相好，具如真佛，与诸大众前后围绕，现其人前。摄受导引，即随化佛往生其国。住不退转，无上菩提。功德智慧次如上辈者也。

其下辈者，假使不能作诸功德，当发无上菩提之心，一向专念阿弥陀佛。欢喜信乐，不生疑惑。以至诚心，愿生其国。此人临终梦见彼佛，亦得往生。功德智慧次如中辈者也。

若有众生住大乘者，以清净心，向无量寿。乃至十念，愿生其国。闻甚深法，即生信解。乃至获得一念净心，发一念心念于彼佛。此人临命终时，如在梦中，见阿弥陀佛，定生彼国，得不退转无上菩提。

往生正因第二十五

复次阿难：若有善男子、善女人，闻此经典，受持、读诵、书写、供养，昼夜相续，求生彼刹。发菩提心。持诸禁戒，坚守不犯。饶益有情，所作善根悉施与之，令得安乐。忆念西方阿弥陀佛，及彼国土。是人命终，如佛色相，种种庄严，生宝刹中，速得闻法，永不退转。

复次阿难：若有众生欲生彼国，虽不能大精进禅定，尽持经戒，要当作善。所谓一不杀生。二不偷盗。三不淫欲。四不妄言。五不绮语。六不恶口。七不两舌。八不贪。九不嗔。十不痴。如是昼夜思惟，极乐世界阿弥陀佛，种种功德、种种庄严。志心归依，顶礼供养。是人临终，不惊不怖，心不颠倒。即得往生彼佛国土。

若多事物，不能离家，不暇大修斋戒，一心清净。有空闲时，端正身心。绝欲去忧。慈心精进。不当嗔怒、嫉妒。不得贪饕悭惜。不得中悔。不得狐疑。要当孝顺。至诚忠信。当信佛经语深。当信作善得福。奉持如是等法，不得亏失。思惟熟计，欲得度脱。昼夜常念，愿欲往生阿弥陀佛清净佛国。十日十夜乃至一日一夜不断绝者，寿终皆得往生其国。行菩萨道，诸往生者，皆得阿惟越致，皆具金色三十二相，皆当作佛。欲于何方佛国作佛，从心所愿。随其精进早晚，求道不休，会当得之，不失其所愿也。阿难：以此义利故，无量无数、不可思议、无有等等、无边世界，诸佛如来，皆共称赞无量寿佛所有功德。

礼供听法第二十六

复次阿难：十方世界诸菩萨众，为欲瞻礼极乐世界无量寿佛，各以香华幢幡宝盖，往诣佛所，恭敬供养，听受经法，宣布道化，称赞佛土功德庄严。尔时世尊即说颂曰：

东方诸佛刹　　数如恒河沙
恒沙菩萨众　　往礼无量寿
南西北四维　　上下亦复然
咸以尊重心　　奉诸珍妙供
畅发和雅音　　歌叹最胜尊
究达神通慧　　游入深法门
闻佛圣德名　　安隐得大利

种种供养中　勤修无懈倦
观彼殊胜刹　微妙难思议
功德普庄严　诸佛国难比
因发无上心　愿速成菩提
应时无量尊　微笑现金容
光明从口出　遍照十方国
回光还绕佛　三匝从顶入
菩萨见此光　即证不退位
时会一切众　互庆生欢喜
佛语梵雷震　八音畅妙声
十方来正士　吾悉知彼愿
志求严净土　受记当作佛
觉了一切法　犹如梦幻响
满足诸妙愿　必成如是刹
知土如影像　恒发弘誓心
究竟菩萨道　具诸功德本
修胜菩提行　受记当作佛
通达诸法性　一切空无我
专求净佛土　必成如是刹
闻法乐受行　得至清净处
必于无量尊　受记成等觉
无边殊胜刹　其佛本愿力
闻名欲往生　自致不退转
菩萨兴至愿　愿己国无异
普念度一切　各发菩提心
舍彼轮回身　俱令登彼岸
奉事万亿佛　飞化遍诸刹
恭敬欢喜去　还到安养国

歌叹佛德第二十七

佛语阿难：彼国菩萨，承佛威神，于一食顷，复往十方无边净刹，供养诸佛。华香幢幡，供养之具，应念即至，皆现手中。珍妙殊特，非世所有。以奉诸佛，及菩萨众。其所散华，即于空中，合为一华。华皆向下，端圆周匝，化成华盖。百千光色，色色异香，香气普薰。盖之小者，满十由旬。如是转倍，乃至遍覆三千大千世界。随其前后，以次化没。若不更以新华重散，前所散华终不复落。于虚空中共奏天乐，以微妙音歌叹佛德。经须臾间，还其本国。都悉集会七宝讲堂。无量寿佛，则为广宣大教，演畅妙法。莫不欢喜，心解得道。即时香风吹七宝树，出五音声。无量妙华，随风四散。自然供养，如是不绝。一切诸天，皆赍百千华香，万种伎乐，供养彼佛，及诸菩萨声闻之众。前后往来，熙怡快乐，此皆无量寿佛本愿加威，及曾供养如来，善根相续，无缺减故，善修习故，善摄取故，善成就故。

大士神光第二十八

佛告阿难：彼佛国中诸菩萨众，悉皆洞视、彻听八方、上下、去来、现在之事。诸天人民以及蜎飞蠕动之类，心意善恶，口所欲言，何时度脱，得道往生，皆豫知之。又彼佛刹诸声闻众，身光一寻，菩萨光明照百由旬。有二菩萨，最尊第一，威神光明，普照三千大千世界。阿难白佛：彼二菩萨，其号云何？佛言：一名观世音，一名大势至。此二菩萨，于娑婆界，修菩萨行，往生彼国。常在阿弥陀佛左右。欲至十方无量佛所，随心则到。现居此界，作大利乐。世间善男子、善女人，若有急难恐怖，但自归命观世音菩萨，无不得解脱者。

愿力宏深第二十九

复次阿难：彼佛刹中，所有现在、未来一切菩萨，皆当究竟一生补处。唯除大愿，入生死界，为度群生，作师子吼。擐大甲胄，以宏誓功德而自庄严。虽生五浊恶世，示现同彼。直至成佛，不受恶趣。生生之处，常识宿命。无量寿佛意欲度脱十方世界诸众生类，皆使往生其国，悉令得泥洹道。作菩萨者，令悉作佛。既作佛已，转相教授，转相度脱。如是辗转，不可复计。十方世界声闻、菩萨、诸众生类，生彼佛国，得泥洹道，当作佛者，不可胜数。彼佛国中，常如一法，不为增多。所以者何？犹如大海，为水中王。诸水流行，都入海中。是大海水，宁为增减。八方上下，佛国无数。阿弥陀国，长久广大，明好快乐，最为独胜。本其为菩萨时，求道所愿，累德所致。无量寿佛，恩德布施八方上下，无穷无极，深大无量，不可胜言。

菩萨修持第三十

复次阿难：彼佛刹中，一切菩萨，禅定智慧、神通威德，无不圆满。诸佛密藏，究竟明了。调伏诸根，身心柔软。深入正慧，无复余习。依佛所行，七觉圣道。修行五眼，照真达俗。肉眼简择；天眼通达；法眼清净；慧眼见真；佛眼具足，觉了法性。辩才总持，自在无碍。善解世间无边方便。所言诚谛，深入义味。度诸有情，演说正法。无相无为，无缚无脱。无诸分别，远离颠倒。于所受用，皆无摄取。遍游佛刹，无爱无厌。亦无希求不希求想。亦无彼我违怨之想。何以故？彼诸菩萨，于一切众生，有大慈悲利益心故。舍离一切执著，成就无量功德。以无碍慧，解法如如。善知集灭音声方便。不欣世语，乐在正论。知一切法，悉皆空寂。生身烦恼，二余俱尽。于三界中平等勤修。究竟一乘，至于彼岸。决断疑网，证无所得。以方便智，增长了知。从本以来，安住神通。得一乘道，不由他悟。

真实功德第三十一

其智宏深，譬如巨海。菩提高广，喻若须弥。自身威光，超于日月。其心洁白，犹如雪山。忍辱如地，一切平等。清净如水，洗诸尘垢。炽盛如火，烧烦恼薪。不著如风，无诸障碍。法音雷震，觉未觉故。雨甘露法，润众生故。旷若虚空，大慈等故。如净莲华，离染污故。如尼拘树，覆荫大故。如金刚杵，破邪执故。如铁围山，众魔外道不能动故。其心正直，善巧决定。论法无厌，求法不倦。戒若琉璃，内外明洁。其所言说，令众悦服。击法鼓，建法幢，曜慧日，破痴暗。淳净温和，寂定明察。为大导师，调伏自他。引导群生，舍诸爱著。永离三垢，游戏神通。因缘愿力，出生善根。摧伏一切魔军，尊重奉事诸佛。为世明灯，最胜福田，殊胜吉祥，堪受供养。赫奕欢喜，雄猛无畏。身色相好，功德辩才，具足庄严，无与等者。常为诸佛所共称赞。究竟菩萨诸波罗蜜，而常安住不生不灭诸三摩地。行遍道场，远二乘境。阿难：我今略说彼极乐界，所生菩萨，真实功德，悉皆如是。若广说者，百千万劫不能穷尽。

寿乐无极第三十二

佛告弥勒菩萨、诸天人等：无量寿国，声闻菩萨，功德智慧，不可称说。又其国土微妙安乐、清净若此。何不力为善，念道之自然。出入供养，观经行道，喜乐久习。才猛智慧，心不中回，意无懈时。外若迟缓，内独驶急。容容虚空，适得其中。中表相应，自然严整，检敛端直。身心洁净，无有爱贪。志愿安定，无增缺减。求道和正，不误倾邪。随经约令，不敢蹉跌，若于绳墨。咸为道慕，旷无他念，无有忧思。自然无为，虚空无立，淡安无欲。作得善愿，尽心求索。含哀慈愍，礼义都合。苞罗表里，过度解脱。自然保守，真真洁白，志愿无上，净定安乐。一旦开达明彻，自然中自然相，自然之有根本，自然光色参回，转变最胜。郁单成七宝，横揽成万物。光精明俱出，善好殊无比。著于无上下，洞达无边际。宜各勤精进，努力自求之。必得超绝去，往生无量清净阿弥陀佛国。横截于五趣，恶道自闭塞。无极之胜道，易往而无人。其国不逆违，自然所牵随。捐志若虚空，勤行求道德。可得极长生，寿乐无有极。何为著世事，譊譊忧无常。

劝谕策进第三十三

世人共争不急之务。于此剧恶极苦之中，勤身营务，以自给济。尊卑、贫富、少长、男女，累念积虑，为心走使。无田忧田，无宅忧宅，眷属财物，有无同忧。有一少一，思欲齐等。适小具有，又忧非常。水火盗贼，冤家债主，焚漂劫夺，消散磨灭。心悭意固，无能纵舍。命终弃捐，莫谁随者。贫富同然，忧苦万端。

世间人民，父子、兄弟、夫妇、亲属，当相敬爱，无相憎嫉。有无相通，无得贪惜。言色常和，莫相违戾；或时心净，有所恚怒。后世转剧，至成大怨。世间之事，更相患害。虽不临时，应急想破。人在爱欲之中，独生独死，独去独来，苦乐自当，无有代者。善恶变化，追逐所生。道路不同，会见无期。何不于强健时，努力修善，欲何待乎？

世人善恶自不能见，吉凶祸福，竞各作之。身愚神暗，转受余教。颠倒相续，无常根本。蒙冥抵突，不信经法。心无远虑，各欲快意。迷于嗔恚，贪于财色。终不休止，哀哉可伤！先人不善，不识道德，无有语者，殊无怪也。死生之趣，善恶之道，都不之信，谓无有是。更相瞻视。且自见之。或父哭子，或子哭父。兄弟夫妇，更相哭泣。一死一生，迭相顾恋。忧爱结缚，无有解时。思想恩好，不离情欲，不能深思熟计，专精行道。年寿旋尽，无可奈何！

惑道者众，悟道者少。各怀杀毒，恶气冥冥。为妄兴事，违逆天地。恣意罪极，顿夺其寿。下入恶道，无有出期。若曹当熟思计，远离众恶。择其善者，勤而行之。爱欲荣华，不可常保，皆当别离，无可乐者。当勤精进，生安乐国。智慧明达，功德殊胜。勿得随心所欲，亏负经戒，在人后也。

心得开明第三十四

弥勒白言：佛语教戒，甚深甚善。皆蒙慈恩，解脱忧苦。佛为法王，尊超群圣，光明彻照，洞达无极。普为一切天人之师。今得值佛，复闻无量寿声，靡不欢喜，心得开明。

佛告弥勒：敬于佛者，是为大善。实当念佛，截断狐疑。拔诸爱欲，杜众恶源。游步三界，无所挂碍。开示正道，度未度者。若曹当知十方人民，永劫以来，辗转五道，忧苦不绝。生时苦痛，老亦苦痛，病极苦痛，死极苦痛。恶臭不净，无可乐者。宜自决断，洗除心垢。言行忠信，表里相应。人能自度，转相拯济。至心求愿，积累善本。虽一世精进勤苦，须臾间耳。后生无量寿国，快乐无极。永拔生死之本，无复苦恼之患。寿千万劫，自在随意。宜各精进，求心所愿。无得疑悔，自为过咎。生彼边地，七宝城中，于五百岁受诸厄也。

弥勒白言：受佛明诲，专精修学。如教奉行，不敢有疑。

浊世恶苦第三十五

佛告弥勒：汝等能于此世，端心正意，不为众恶，甚为大德。所以者何？十方世界善多恶少，易可开化。唯此五恶世间，最为剧苦。我今于此作佛，教化群生，令舍五恶，去五痛，离五烧。降化其意，令持五善，获其福德。何等为五：

其一者，世间诸众生类，欲为众恶。强者伏弱，转相克贼。残害杀伤，迭相吞啖。不知为善，后受殃罚。故有穷乞、孤独、聋盲、喑哑、痴恶、尪狂，皆因前世不信道德、不肯为善。其有尊贵、豪富、贤明、长者、智勇、才达，皆由宿世慈孝，修善积德所致。世间有此目前现事。寿终之后，入其幽冥，转生受身，改形易道。故有泥犁、禽兽、蜎飞蠕动之属。譬如世法牢狱，剧苦极刑，魂神命精，随罪趣向。所受寿命，或长或短，相从共生，更相报偿。殃恶未尽，终不得离。辗转其中，累劫难出。难得解脱，痛不可言。天地之间，自然有是。虽不即时暴应，善恶会当归之。

其二者，世间人民不顺法度。奢淫骄纵，任心自恣。居上不明，在位不正。陷人冤枉，损害忠良。心口各异，机伪多端。尊卑中外，更相欺诳。嗔恚愚痴，欲自厚己。欲贪多有，利害胜负。结忿成仇，破家亡身，不顾前后。富有悭惜，不肯施与。爱保贪重，心劳身苦，如是至竟，无一随者。善恶祸福，追命所生。或在乐处，或入苦毒。又或见善憎谤，不思慕及。常怀盗心，悕望他利，用自供给。消散复取。神明克识，终入恶道。自有三途无量苦恼，辗转其中，累劫难出，痛不可言。

其三者，世间人民相因寄生。寿命几何。不良之人，身心不正，常怀邪恶，常念淫泆；烦满胸中，邪态外逸。费损家财，事为非法。所当求者，而不肯为。又或交结聚会，兴兵相伐；攻劫杀戮，强夺迫胁。归给妻子，极身作乐。众共憎厌，患而苦之。如是之恶，著于人鬼。神明计识，自入三途。无量苦恼，辗转其中。累劫难出，痛不可言。

其四者，世间人民不念修善。两舌、恶口、妄言、绮语。憎嫉善人，败坏贤明。不孝父母，轻慢师长。朋友无信，难得诚实。尊贵自大，谓己有道。横行威势，侵易于人，欲人畏敬。不自惭惧，难可降化，常怀骄慢。赖其前世，福德营护。今世为恶，福德尽灭。寿命终尽，诸恶绕归。又其名籍，计在神明。殃咎牵引，无从舍离。但得前行，入于火镬。身心摧碎，神形苦极。当斯之时，悔复何及。

其五者，世间人民徙倚懈怠。不肯作善，治身修业。父母教诲，违戾反逆。譬如怨家，不如无子。负恩违义，无有报偿。放恣游散，耽酒嗜美，鲁扈抵突。不识人情，无义无礼，不可谏晓。六亲眷属，资用有无，不能忧念。不惟父母之恩。不存师友之义。意念身口，曾无一善。不信诸佛经法。不信生死善恶。欲害真人，斗乱僧众。愚痴蒙昧，自为智慧。不知生所从来，死所趣向。不仁不顺，希望长生。慈心教诲，而不肯信；苦口与语，无益其人。心中闭塞，意不开解。大命将终，悔惧交至。不豫修善，临时乃悔。悔之于后，将何及乎！

天地之间，五道分明。善恶报应，祸福相承，身自当之，无谁代者。善人行善，从乐入乐，从明入明。恶人行恶，从苦入苦，从冥入冥。谁能知者，独佛知耳。教语开示，信行者少。生死不休，恶道不绝。如是世人，难可具尽。故有自然三涂，无量苦恼，辗转其中。世世累劫，无有出期。难得解脱，痛不可言。

如是五恶、五痛、五烧，譬如大火，焚烧人身。若能自于其中一心制意，端身正念。言行相副，所作至诚。独作诸善，不为众恶。身独度脱，获其福德。可得长寿泥洹之道。是为五大善也。

重重诲勉第三十六

佛告弥勒：吾语汝等。如是五恶、五痛、五烧，辗转相生。敢有犯此，当历恶趣。或其今世，先被病殃，死生不得，示众见之。或于寿终，入三恶道。愁痛酷毒，自相燋然。共其怨家，更相杀伤。从小微起，成大困剧。皆由贪著财色，不肯施惠。各欲自快，无复曲直。痴欲所迫，厚己争利。富贵荣华，当时快意。不能忍辱，不务修善。威势无几，随以磨灭。天道施张，自然纠举，茕茕忪忪，当入其中。古今有是，痛哉可伤！

汝等得佛经语，熟思惟之。各自端守，终身不怠，尊圣敬善，仁慈博爱。当求度世，拔断生死众恶之本。当离三涂忧怖苦痛之道。若曹作善，云何第一？当自端心，当自端身。耳目口鼻，皆当自端。身心净洁，与善相应。勿随嗜欲，不犯诸恶。言色当和，身行当专。动作瞻视，安定徐为。做事仓卒，败悔在后。为之不谛，亡其功夫。

如贫得宝第三十七

汝等广植德本，勿犯道禁。忍辱精进，慈心专一。斋戒清净，一日一夜，胜在无量寿国为善百岁。所以者何？彼佛国土，皆积德众善，无毫发之恶。于此修善十日十夜，胜于他方诸佛国中，为善千岁。所以者何？他方佛国，福德自然，无造恶之地。唯此世间，善少恶多。饮苦食毒，未尝宁息。

吾哀汝等，苦心诲喻，授与经法。悉持思之，悉奉行之。尊卑、男女、眷属、朋友，转相教语。自相约检，和顺义理，欢乐慈孝。所作如犯，则自悔过。去恶就善，朝闻夕改。奉持经戒，如贫得宝。改往修来，洗心易行。自然感降，所愿辄得。

佛所行处，国邑丘聚，靡不蒙化。天下和顺，日月清明。风雨以时，灾厉不起。国丰民安，兵戈无用。崇德兴仁，务修礼让。国无盗贼。无有怨枉。强不凌弱，各得其所。

我哀汝等，甚于父母念子。我于此世作佛，以善攻恶，拔生死之苦。令获五德，升无为之安。吾般泥洹，经道渐灭，人民谄伪，复为众恶。五烧五痛，久后转剧。汝等转相教诫，如佛经法，无得犯也。

弥勒菩萨合掌白言：世人恶苦，如是如是。佛皆慈哀，悉度脱之。受佛重诲，不敢违失。

礼佛现光第三十八

佛告阿难：若曹欲见无量清净平等觉，及诸菩萨、阿罗汉等所居国土，应起西向，当日没处，恭敬顶礼，称念南无阿弥陀佛。

阿难即从座起，面西合掌，顶礼白言：我今愿见极乐世界阿弥陀佛，供养奉事，种诸善根。顶礼之间，忽见阿弥陀佛，容颜广大，色相端严。如黄金山，高出一切诸世界上。又闻十方世界诸佛如来，称扬赞叹阿弥陀佛种种功德，无碍无断。

阿难白言：彼佛净刹，得未曾有，我亦愿乐生于彼土。世尊告言：其中生者，已曾亲近无量诸佛，植众德本。汝欲生彼，应当一心归依瞻仰。作是语时，阿弥陀佛即于掌中放无量光，普照一切诸佛世界。时诸佛国皆悉明现，如处一寻，以阿弥陀佛殊胜光明，极清净故。于此世界所有黑山、雪山、金刚、铁围大小诸山、江河、丛林、天人宫殿，一切境界，无不照见。譬如日出，明照世间。乃至泥犁、溪谷、幽冥之处，悉大开辟，皆同一色。犹如劫水弥满世界，其中万物沉没不现。滉漾浩汗，唯见大水。彼佛光明，亦复如是。声闻、菩萨一切光明悉皆隐蔽，唯见佛光，明耀显赫。此会四众、天龙八部、人非人等，皆见极乐世界种种庄严。阿弥陀佛于彼高座，威德巍巍，相好光明。声闻、菩萨围绕恭敬。譬如须弥山王出于海面，明现照耀，清净平正。无有杂秽，及异形类。唯是众宝庄严，圣贤共住。阿难及诸菩萨众等，皆大欢喜，踊跃作礼，以头著地，称念南无阿弥陀三藐三佛陀。

诸天人民，以至蜎飞蠕动，睹斯光者，所有疾苦，莫不休止。一切忧恼，莫不解脱。悉皆慈心作善，欢喜快乐。钟磬、琴瑟、箜篌乐器，不鼓自然皆作五音。诸佛国中，诸天人民，各持花香，来于虚空，散作供养。尔时极乐世界，过于西方百千俱胝那由他国，以佛威力，如对目前，如净天眼观一寻地。彼见此土，亦复如是。悉睹娑婆世界，释迦如来，及比丘众，围绕说法。

慈氏述见第三十九
尔时佛告阿难，及慈氏菩萨：汝见极乐世界宫殿、楼阁、泉池、林树，具足微妙、清净庄严不？汝见欲界诸天，上至色究竟天，雨诸香华，遍佛刹不？阿难对曰：唯然已见。汝闻阿弥陀佛大音宣布一切世界，化众生不？阿难对曰：唯然已闻。佛言：汝见彼国净行之众，游处虚空，宫殿随身，无所障碍，遍至十方供养诸佛不？及见彼等念佛相续不？复有众鸟住虚空界，出种种音，皆是化作，汝悉见不？慈氏白言：如佛所说，一一皆见。佛告弥勒：彼国人民有胎生者，汝复见不？弥勒白言：世尊，我见极乐世界人住胎者，如夜摩天，处于宫殿。又见众生，于莲华内结跏趺坐，自然化生。何因缘故，彼国人民有胎生者，有化生者？

边地疑城第四十
佛告慈氏：若有众生，以疑惑心修诸功德，愿生彼国。不了佛智、不思议智、不可称智、大乘广智、无等无伦最上胜智，于此诸智疑惑不信。犹信罪福，修习善本，愿生其国。复有众生，积集善根，希求佛智、普遍智、无等智、威德广大不思议智。于自善根，不能生信。故于往生清净佛国，意志犹豫，无所专据。然犹续念不绝。结其善愿为本，续得往生。

是诸人等，以此因缘虽生彼国，不能前至无量寿所，道止佛国界边，七宝城中。佛不使尔，身行所作，心自趣向。亦有宝池莲华，自然受身。饮食快乐，如忉利天。于其城中，不能得出。所居舍宅在地，不能随意高大，于五百岁，常不见佛，不闻经法，不见菩萨、声闻圣众。其人智慧不明，知经复少。心不开解，意不欢乐。是故于彼谓之胎生。

若有众生，明信佛智，乃至胜智，断除疑惑。信己善根，作诸功德，至心回向，皆于七宝华中自然化生，跏趺而坐。须臾之顷，身相光明，智慧功德，如诸菩萨，具足成就。弥勒当知：彼化生者，智慧胜故。其胎生者，五百岁中，不见三宝。不知菩萨法式，不得修习功德。无因奉事无量寿佛。当知此人，宿世之时，无有智慧，疑惑所致。

惑尽见佛第四十一

譬如转轮圣王，有七宝狱。王子得罪，禁闭其中。层楼绮殿，宝帐金床。栏窗榻座，妙饰奇珍。饮食衣服，如转轮王。而以金锁系其两足。诸小王子宁乐此不？慈氏白言：不也世尊，彼幽絷时，心不自在。但以种种方便，欲求出离。求诸近臣，终不从心。轮王欢喜，方得解脱。佛告弥勒：此诸众生，亦复如是。若有堕于疑悔，希求佛智，至广大智。于自善根，不能生信。由闻佛名起信心故，虽生彼国，于莲华中不得出现。彼处华胎，犹如园苑宫殿之想。何以故？彼中清净，无诸秽恶，然于五百岁中，不见三宝，不得供养奉事诸佛。远离一切殊胜善根。以此为苦，不生欣乐。若此众生识其罪本，深自悔责，求离彼处，往昔世中，过失尽已，然后乃出。即得往诣无量寿所，听闻经法。久久亦当开解欢喜。亦得遍供无数无量诸佛，修诸功德。汝阿逸多：当知疑惑于诸菩萨为大损害，为失大利。是故应当明信诸佛无上智慧。

慈氏白言：云何此界一类众生，虽亦修善，而不求生。佛告慈氏：此等众生，智慧微浅。分别西方，不及天界，是以非乐，不求生彼。慈氏白言：此等众生，虚妄分别，不求佛刹，何免轮回。佛言：彼等所种善根，不能离相，不求佛慧，深著世乐，人间福报。虽复修福，求人天果，得报之时，一切丰足，而未能出三界狱中。假使父母、妻子、男女眷属欲相救免，邪见业王，未能舍离，常处轮回，而不自在。汝见愚痴之人，不种善根，但以世智聪辩，增益邪心，云何出离生死大难。复有众生，虽种善根，作大福田，取相分别，情执深重，求出轮回，终不能得。若以无相智慧，植众德本，身心清净，远离分别。求生净刹，趣佛菩提，当生佛刹，永得解脱。

菩萨往生第四十二

弥勒菩萨白佛言：今此娑婆世界，及诸佛刹不退菩萨当生极乐国者，其数几何？

佛告弥勒：于此世界，有七百二十亿菩萨，已曾供养无数诸佛，植众德本，当生彼国。诸小行菩萨，修习功德，当往生者，不可称计。不但我刹诸菩萨等，往生彼国，他方佛土亦复如是。从远照佛刹,有十八俱胝那由他菩萨摩诃萨,生彼国土。东北方宝藏佛刹,有九十亿不退菩萨,当生彼国。从无量音佛刹、光明佛刹、龙天佛刹、胜力佛刹、师子佛刹、离尘佛刹、德首佛刹、仁王佛刹、华幢佛刹,不退菩萨当往生者,或数十百亿,或数百千亿,乃至万亿。其第十二佛名无上华。彼有无数诸菩萨众,皆不退转。智慧勇猛,已曾供养无量诸佛,具大精进,发趣一乘。于七日中,即能摄取百千亿劫,大士所修坚固之法。斯等菩萨,皆当往生。其第十三佛名曰无畏,彼有七百九十亿大菩萨众,诸小菩萨及比丘等,不可称计,皆当往生。十方世界诸佛名号及菩萨众当往生者,但说其名,穷劫不尽。

非是小乘第四十三

佛告慈氏:汝观彼诸菩萨摩诃萨,善获利益。若有善男子,善女人,得闻阿弥陀佛名号,能生一念喜爱之心,归依瞻礼,如说修行,当知此人为得大利。当获如上所说功德。心无下劣,亦不贡高。成就善根,悉皆增上。当知此人非是小乘。于我法中,得名第一弟子。是故告汝天人世间、阿修罗等,应当爱乐修习,生希有心。于此经中生导师想。欲令无量众生,速疾安住得不退转,及欲见彼广大庄严、摄受殊胜佛刹,圆满功德者,当起精进,听此法门。为求法故,不生退屈谄伪之心。设入大火,不应疑悔。何以故?彼无量亿诸菩萨等,皆悉求此微妙法门,尊重听闻,不生违背。多有菩萨,欲闻此经而不能得,是故汝等应求此法。

受菩提记第四十四

若于来世,乃至正法灭时,当有众生,植诸善本,已曾供养无量诸佛。由彼如来加威力故,能得如是广大法门。摄取受持,当获广大一切智智。于彼法中广大胜解,获大欢喜。广为他说,常乐修行。诸善男子及善女人,能于是法,若已求、现求、当求者,皆获善利,汝等应当安住无疑。种诸善本,应常修习,使无疑滞,不入一切种类珍宝成就牢狱。阿逸多:如是等类大威德者,能生佛法广大异门。由于此法不听闻故,有一亿菩萨退转阿耨多罗三藐三菩提。若有众生于此经典,书写、供养、受持、读诵,于须臾顷为他演说,劝令听闻,不生忧恼,乃至昼夜思惟彼刹及佛功德,于无上道,终不退转。彼人临终,假使三千大千世界满中大火,亦能超过,生彼国土。是人已曾值过去佛受菩提记,一切如来同所称赞。是故应当专心信受、持诵、说行。

独留此经第四十五

吾今为诸众生说此经法,令见无量寿佛,及其国土一切所有。所当为者,皆可求之。无得以我灭度之后复生疑惑。当来之世,经道灭尽,我以慈悲哀愍,特留此经止住百岁。其有众生,值斯经者,随意所愿,皆可得度。如来兴世,难值难见。诸佛经道,难得难闻。遇善知识,闻法能行,此亦为难。若闻斯经,信乐受持,难中之难,无过此难。若有众生得闻佛声，慈心清净，踊跃欢喜，衣毛为起，或泪出者，皆由前世曾作佛道，故非凡人。若闻佛号，心中狐疑，于佛经语都无所信，皆从恶道中来。宿殃未尽，未当度脱，故心狐疑，不信向耳。

勤修坚持第四十六

佛告弥勒：诸佛如来无上之法，十力无畏、无碍无著甚深之法，及波罗蜜等菩萨之法，非易可遇。能说法人，亦难开示。坚固深信，时亦难遭。我今如理宣说如是广大微妙法门，一切诸佛之所称赞，咐嘱汝等，作大守护。为诸有情长夜利益，莫令众生沦堕五趣，备受危苦。应勤修行，随顺我教。当孝于佛，常念师恩。当令是法久住不灭。当坚持之，无得毁失，无得为妄，增减经法。常念不绝，则得道捷。我法如是，作如是说。如来所行，亦应随行。种修福善，求生净刹。

福慧始闻第四十七

尔时世尊而说颂曰：

若不往昔修福慧　于此正法不能闻
已曾供养诸如来　则能欢喜信此事
恶骄懈怠及邪见　难信如来微妙法
譬如盲人恒处暗　不能开导于他路
唯曾于佛植众善　救世之行方能修
闻已受持及书写　读诵赞演并供养
如是一心求净方　决定往生极乐国
假使大火满三千　乘佛威德悉能超
如来深广智慧海　唯佛与佛乃能知
声闻亿劫思佛智　尽其神力莫能测
如来功德佛自知　唯有世尊能开示
人身难得佛难值　信慧闻法难中难
若诸有情当作佛　行超普贤登彼岸
是故博闻诸智士　应信我教如实言
如是妙法幸听闻　应常念佛而生喜
受持广度生死流　佛说此人真善友

闻经获益第四十八

尔时世尊说此经法，天人世间，有万二千那由他亿众生，远离尘垢，得法眼净。二十亿众生，得阿那含果。六千八百比丘，诸漏已尽，心得解脱。四十亿菩萨，于无上菩提住不退转，以弘誓功德而自庄严。二十五亿众生，得不退忍。四万亿那由他百千众生，于无上菩提未曾发意，今始初发。种诸善根，愿生极乐，见阿弥陀佛。皆当往生彼如来土。各于异方次第成佛，同名妙音如来。

复有十方佛刹，若现在生，及未来生，见阿弥陀佛者，各有八万俱胝那由他人，得授记法忍，成无上菩提。彼诸有情，皆是阿弥陀佛宿愿因缘，俱得往生极乐世界。尔时三千大千世界，六种震动，并现种种希有神变。放大光明，普照十方。复有诸天于虚空中，作妙音乐，出随喜声。乃至色界诸天悉皆得闻，叹未曾有。无量妙花纷纷而降。尊者阿难、弥勒菩萨，及诸菩萨、声闻、天龙八部、一切大众，闻佛所说，皆大欢喜，信受奉行。

佛说阿弥陀经

姚秦三藏法师鸠摩罗什译

如是我闻。

一时佛在舍卫国,祇树给孤独园。

与大比丘僧,千二百五十人俱,皆是大阿罗汉,众所知识:长老舍利弗、摩诃目犍连、摩诃迦叶、摩诃迦旃延、摩诃俱絺罗、离婆多、周利盘陀伽、难陀、阿难陀、罗(侯)罗、憍梵波提、宾头卢颇罗堕、迦留陀夷、摩诃劫宾那、薄拘罗、阿(那)楼陀,如是等诸大弟子。

并诸菩萨摩诃萨:文殊师利法王子、阿逸多菩萨、乾陀诃提菩萨、常精进菩萨,与如是等诸大菩萨。及释提桓因等,无量诸天大众俱。

尔时,佛告长老舍利弗:从是西方,过十万亿佛土有世界名曰极乐,其土有佛,号阿弥陀,今现在说法。

舍利弗,彼土何故名为极乐?其国众生,无有众苦,但受诸乐,故名极乐。

又舍利弗。极乐国土,七重栏楯,七重罗网,七重行树,皆是四宝,周匝围绕,是故彼国名为极乐。

又舍利弗。极乐国土,有七宝池,八功德水,充满其中,池底纯以金沙布地。四边阶道,金银、琉璃、玻璃合成。上有楼阁,亦以金银、琉璃、玻璃、砗磲、赤珠、玛瑙而严饰之。池中莲花大如车轮,青色青光、黄色黄光、赤色赤光、白色白光,微妙香洁。

舍利弗。极乐国土,成就如是功德庄严。

又舍利弗。彼佛国土,常作天乐。黄金为地。昼夜六时,雨天曼陀罗华。其土众生,常以清旦,各以衣祴盛众妙华,供养他方十万亿佛,即以食时,还到本国,饭食经行。

舍利弗。极乐国土,成就如是功德庄严。

复次舍利弗:彼国常有种种奇妙杂色之鸟:白鹤、孔雀、鹦鹉、舍利、迦陵频伽、共命之鸟。是诸众鸟,昼夜六时,出和雅音。其音演畅五根、五力、七菩提分、八圣道分,如是等法。其土众生,闻是音已,皆悉念佛、念法、念僧。

舍利弗。汝勿谓此鸟,实是罪报所生,所以者何?彼佛国土,无三恶道。

舍利弗。其佛国土,尚无恶道之名,何况有实。是诸众鸟,皆是阿弥陀佛，欲令法音宣流，变化所作。

舍利弗。彼佛国土，微风吹动诸宝行树，及宝罗网，出微妙音，譬如百千种乐，同时俱作。闻是音者，自然皆生念佛、念法、念僧之心。

舍利弗。其佛国土，成就如是功德庄严。

舍利弗。於汝意云何？彼佛何故号阿弥陀？

舍利弗。彼佛光明无量，照十方国，无所障碍，是故号为阿弥陀。

又舍利弗。彼佛寿命，及其人民，无量无边阿僧祇劫，故名阿弥陀。

舍利弗。阿弥陀成佛已来，於今十劫。

又舍利弗。彼佛有无量无边声闻弟子，皆阿罗汉，非是算数之所能知。诸菩萨众，亦复如是。

舍利弗。彼佛国土，成就如是功德庄严。

又舍利弗。极乐国土，众生生者，皆是阿鞞跋致，其中多有一生补处，其数甚多，非是算数所能知之，但可以无量无边阿僧祇说。

舍利弗。众生闻者，应当发愿，愿生彼国，所以者何？得与如是诸上善人俱会一处。

舍利弗。不可以少善根福德因缘，得生彼国。

舍利弗。若有善男子善女人，闻说阿弥陀佛，执持名号，若一日、若二日，若三日，若四日，若五日，若六日，若七日，一心不乱，其人临命终时，阿弥陀佛，与诸圣众，现在其前。是人终时，心不颠倒，即得往生阿弥陀佛极乐国土。

舍利弗。我见是利，故说此言。若有众生，闻是说者，应当发愿，生彼国土。

舍利弗。如我今者，赞叹阿弥陀佛，不可思议功德之利。东方亦有阿閦鞞佛、须弥相佛、大须弥佛、须弥光佛、妙音佛，如是等恒河沙数诸佛，各於其国，出广长舌相，遍覆三千大千世界，说诚实言：汝等众生，当信是称赞不可思议功德一切诸佛所护念经。

舍利弗。南方世界，有：日月灯佛、名闻光佛、大焰肩佛、须弥灯佛、无量精进佛，如是等恒河沙数诸佛，各於其国，出广长舌相，遍覆三千大千世界，说诚实言：汝等众生，当信是称赞不可思议功德一切诸佛所护念经。

舍利弗。西方世界，有：无量寿佛、无量相佛、无量幢佛、大光佛、大明佛、宝相佛、净光佛，如是等恒河沙数诸佛，各於其国，出广长舌相，遍覆三千大千世界，说诚实言：汝等众生，当信是称赞不可思议功德一切诸佛所护念经。

舍利弗。北方世界，有：焰肩佛、最胜音佛、难沮佛、日生佛、网明佛，如是等恒河沙数诸佛，各於其国，出广长舌相，遍覆三千大千世界，说诚实言：汝等众生，当信是称赞不可思议功德一切诸佛所护念经。

舍利弗。下方世界，有：师子佛、名闻佛、名光佛、达摩佛、法幢佛、持法佛，如是等恒河沙数诸佛，各於其国，出广长舌相，遍覆三千大千世界，说诚实言：汝等众生，当信是称赞不可思议功德一切诸佛所护念经。

舍利弗。上方世界，有：梵音佛、宿王佛、香上佛、香光佛、大焰肩佛、杂色宝华严身佛、娑罗树王佛、宝华德佛、见一切义佛、如须弥山佛，如是等恒河沙数诸佛，各於其国，出广长舌相，遍覆三千大千世界，说诚实言：汝等众生，当信是称赞不可思议功德一切诸佛所护念经。

舍利弗。於汝意云何？何故名为一切诸佛所护念经？

舍利弗。若有善男子、善女人，闻是经受持者，及闻诸佛名者，是诸善男子、善女人，皆为一切诸佛之所护念，皆得不退转於阿耨多罗三藐三菩提。是故舍利弗，汝等皆当信受我语，及诸佛所说。

舍利弗。若有人已发愿、今发愿、当发愿，欲生阿弥陀佛国者，是诸人等，皆得不退转於阿耨多罗三藐三菩提，於彼国土，若已生、若今生、若当生。是故舍利弗，诸善男子、善女人，若有信者，应当发愿生彼国土。

舍利弗，如我今者，称赞诸佛不可思议功德，彼诸佛等，亦称赞我不可思议功德，而作是言：释迦牟尼佛能为甚难悉有之事，能於娑婆国土，五浊恶世，劫浊、见浊、烦恼浊、众生浊、命浊中，得阿耨多罗三藐三

菩提。为诸众生，说是一切世间难信之法。

舍利弗。当知我於五浊恶世，行此难事，得阿耨多罗三藐三菩提，为一切世间说此难信之法，是为甚难。

佛说此经已，舍利弗，及诸比丘，一切世间天人阿修罗等，闻佛所说，欢喜信受，作礼而去。

佛说观无量寿经

刘宋西域三藏法师畺良耶舍 译

如是我闻，一时，佛在王舍城耆阇崛山中，与大比丘众，千二百五十人俱。菩萨三万二千，文殊师利法王子而为上首。

尔时王舍大城有一太子，名阿阇世，随顺调达恶友之教。收执父王频婆娑罗，幽闭置于七重室内，制诸群臣，一不得往。

国太夫人名韦提希，恭敬大王，澡浴清净，以酥蜜和麦䵃用涂其身，诸璎珞中，盛蒲萄浆，密以上王。

尔时大王食麦䵃饮浆，求水漱口，漱口毕已，合掌恭敬，向耆阇崛山遥礼世尊，而作是言："大目犍连是吾亲友，愿兴慈悲，授我八戒"。时目犍连如鹰隼飞，疾至王所，日日如是，授王八戒。世尊亦遣尊者，富楼那，为王说法。

如是时间，经三七日，王食麦䵃蜜，得闻法故，颜色和悦。

时阿阇世问守门者："父王今者犹存在耶？"时守门人白言："大王！国太夫人身涂麦䵃蜜，璎珞盛浆，持用上王；沙门目连及富楼那，从空而来，为王说法，不可禁制。"时阿阇世闻此语已，怒其母曰："我母是贼，与贼为伴；沙门恶人，幻惑咒术；令此恶王多日不死"！即执利剑，欲害其母。

时有一臣名曰月光，聪明多智，及与耆婆，为王作礼，白言："大王！臣闻毗陀论经说，劫初已来，有诸恶王，贪国位故，杀害其父一万八千，未曾闻有无道害母。王今为此杀逆之事，污刹利种，臣不忍闻，是旃陀罗。我等不宜复住于此。"

时二大臣说此语竟，以手按剑，郤行而退。时阿阇世，惊怖惶惧，告耆婆言："汝不为我耶？"耆婆白言："大王！慎莫害母！"

王闻此语，忏悔求救，即便舍剑，止不害母。勒语内官，闭置深宫，不令复出。

时韦提希，被幽闭已，愁忧憔悴，遥向耆阇崛山为佛作礼，而作是言："如来世尊，在昔之时，恒遣阿难来慰问我；我今愁忧，世尊威重，无由得见，愿遣目连尊者阿难与我相见。"作是语已，悲泣雨泪，遥向佛礼。

未举头顷，尔时世尊在耆阇崛山，知韦提希心之所念，即勒大目犍连及以阿难从空而来。

佛从耆阇崛山没，于王宫出。时韦提希礼已，举头见世尊释迦牟尼佛，身紫金色，坐百宝莲华，目连侍左，阿难侍右，释梵护世诸天，在虚空中，普雨天华，持用供养。

时韦提希见佛世尊，自绝璎珞，举身投地，号泣向佛，白言："世尊！我宿何罪，生此恶子？世尊！复有何等因缘，与提婆达多共为眷属？唯愿世尊，为我广说无忧恼处，我当往生，不乐阎浮提浊恶世也。此浊恶世，地狱饿鬼畜生盈满，多不善聚。愿我未来不闻恶声，不见恶人，今向世尊，五体投地，求哀忏悔，唯愿佛力教我，观于清净业处。"

尔时，世尊放眉间光，其光金色，遍照十方无量世界，还住佛顶，化为金台，如须弥山；十方诸佛净妙国土，皆于中现。或有国土，七宝合成；复有国土，纯是莲华；复有国土，如自在天宫；复有国土，如玻璃镜；十方国土，皆于中现。有如是等无量诸佛国土，严显可观，令韦提希见。

时韦提希白佛言："世尊！是诸佛土，虽复清净，皆有光明；我今乐生极乐世界，阿弥陀佛所，唯愿世尊教我思惟，教我正受。"

尔时，世尊即便微笑，有五色光，从佛口出，一一光照频婆娑罗王顶。尔时，大王虽在幽闭，心眼无障，遥见世尊，头面作礼，自然增进成阿那含。

尔时，世尊告韦提希："汝今知不？阿弥陀佛，去此不远，汝当系念，谛观彼国净业成者。我今为汝广说众譬，亦令未来世一切凡夫，欲修净业者，得生西方极乐国土。"

"欲生彼国者，当修三福：一者、孝养父母，奉事师长，慈心不杀，修十善业；二者、受持三归，具足众戒，不犯威仪；三者、发菩提心，深信因果，读诵大乘，劝进行者。如此三事，名为净业。"

佛告韦提希："汝今知不？此三种业，乃是过去、未来、现在、三世诸佛，净业正因。"

佛告阿难及韦提希："谛听！谛听！善思念之：如来今者，为未来世一切众生，为烦恼贼之所害者，说清净业，善哉韦提希，快问此事。"

"阿难！汝当受持，广为多众宣说佛语，如来今者，教韦提希，及未来世一切众生，观于西方极乐世界，以佛力故，当得见彼清净国土。如执明镜，自见面像。见彼国土，极妙乐事，心欢喜故，应时即得无生法忍。"

佛告韦提希："汝是凡夫，心想羸劣，未得天眼，不能远观，诸佛如来有异方便，令汝得见。"

时韦提希白佛言："世尊！如我今者，以佛力故，见彼国土；若佛灭后，诸众生等，浊恶不善，五苦所逼，云何当见阿弥陀佛极乐世界？"

佛告韦提希："汝及众生，应当专心系念一处，想于西方。云何作想？凡作想者，一切众生，自非生盲，有目之徒，皆见日没，当起想念。"

"正坐西向，谛观于日欲没之处，令心坚住，专想不移，见日欲没，状如悬鼓。"

"既见日已，闭目开目，皆令明了。"

"是为日想，名曰初观。"

"次作水想，见水澄清，亦令明了，无分散意。既见水已，当起冰想，见冰映彻，作琉璃想。此想成已，见琉璃地，内外映彻，下有金刚，七宝金幢，擎琉璃地。其幢八方八楞具足，一一方面，百宝所成。一一宝珠，有千光明。一一光明。八万四千色，映琉璃地，如亿千日，不可具见。琉璃地上，以黄金绳，杂厕间错，以七宝界，分齐分明。一一宝中，有五百色光，其光如华，又似星月，悬处虚空，成光明台。"

"楼阁千万，百宝合成，于台两边，各有百亿华幢，无量乐器，以为庄严。八种清风，从光明出，鼓此乐器，演说苦、空、无常、无我之音。"

"是为水想，名第二观。"

"此想成时，一一观之，极令了了。闭目开目，不令散失。唯除食时，恒忆此事。"

"如此想者。名为粗见极乐国地。若得三昧，见彼国地，了了分明，不可具说。"

"是为地想，名第三观。"

佛告阿难："汝持佛语，为未来世一切大众，欲脱苦者，说是观地法。若观是地者，除八十亿劫生死之罪。舍身他世，必生净国，心得无疑。"

"作是观者，名为正观；若他观者，名为邪观。"

佛告阿难，及韦提希："地想成已，次观宝树。观宝树者，一一观之，作七重行树想。一一树高八千由旬。其诸宝树，七宝华叶，无不具足。"

"一一华叶，作异宝色。琉璃色中，出金色光；玻璃色中，出红色光；玛瑙色中，出砗磲光；砗磲色中，出绿真珠光；珊瑚琥珀一切众宝以为映饰，妙真珠网弥覆树上。一一树上，有七重网。一一网间，有五百亿妙华宫殿，如梵王宫。"

"诸天童子，自然在中。一一童子五百亿释迦毗楞伽摩尼以为璎珞。其摩尼光，照百由旬，犹如和合百亿日月不可具明。众宝间错，色中上者，此诸宝树，行行相当，叶叶相次。于众叶间生诸妙华，华上自然有七宝果。一一树叶，纵广正等二十五由旬。其叶千色，有百种画如天璎珞，有众妙华，作阎浮檀金色。如旋火轮，宛转叶间，涌生诸果，如帝释瓶。"

"有大光明，化成幢幡，无量宝盖。是宝盖中，映现三千大千世界,一切佛事。十方佛国,亦于中现。见此树已,亦当次第一一观之,观见树茎、枝叶、华果,皆令分明。"

"是为树想,名第四观。"

"次当想水,欲想水者,极乐国土,有八池水。"

"一一池水,七宝所成。其宝柔软,从如意珠王生,分为十四支,一一支作,七宝妙色,黄金为渠,渠下皆以杂色金刚,以为底沙。一一水中,有六十亿七宝莲华,一一莲华,团圆正等十二由旬。其摩尼水流注华间,寻树上下。"

"其声微妙,演说苦、空、无常、无我诸波罗密;复有赞叹诸佛相好者。如意珠王涌出金色微妙光明,其光化为百宝色鸟,和鸣哀雅,常赞念佛、念法、念僧。"

"是为八功德水想,名第五观。"

"众宝国土,一一界上,有五百亿宝楼。其楼阁中,有无量诸天,作天妓乐。又有乐器,悬处虚空,如天宝幢,不鼓自鸣。此众音中,皆说念佛、念法、念比丘僧。"

"此想成已,名为粗见极乐世界、宝树、宝地、宝池。"

"是为总观想,名第六观。"

"若见此者,除无量亿劫极重恶业,命终之后,必生彼国。作是观者,名为正观;若他观者,名为邪观。"

佛告阿难,及韦提希:"谛听谛听,善思念之,吾当为汝分别解说,除苦恼法;汝等忆持,广为大众分别解说。"

说是语时,无量寿佛住立空中,观世音、大势至、是二大士,侍立左右。光明炽盛,不可具见,百千阎浮檀金色,不得为比。

时韦提希,见无量寿佛已,接足作礼,白佛言:"世尊!我今因佛力故,得见无量寿佛,及二菩萨,未来众生,当云何观无量寿佛及二菩萨"?

佛告韦提希:"欲观彼佛者,当起想念,于七宝地上,作莲华想。"

"令其莲华,一一叶上,作百宝色。有八万四千脉,犹如天画。脉有八万四千光,了了分明,皆令得见。华叶小者,纵广二百五十由旬。如是莲华,具有八万四千叶;一一叶间,有百亿摩尼珠王以为映饰。一一摩尼珠,放千光明,其光如盖,七宝合成,遍覆地上。"

"释迦毗楞伽宝,以为其台,此莲华台,八万金刚甄叔迦宝,梵摩尼宝。妙真珠网,以为校饰。"

"于其台上,自然而有四柱宝幢,一一宝幢,如百千万亿须弥山,幢上宝幔,如夜摩天宫,复有五百亿微妙宝珠,以为映饰。一一宝珠,有八万四千光,一一光作八万四千异种金色。一一金色,遍其宝土,处处变化,各作异相。或为金刚台,或作真珠网,或作杂华云,于十方面,随意变现,施作佛事。"

"是为华座想,名第七观。"

佛告阿难:"如此妙华,是本法藏比丘愿力所成。若欲念彼佛者,当先作此华座想。作此想时,不得杂观,皆应一一观之,一一叶,一一珠,一一光,一一台,一一幢,皆令分明。如于镜中,自见面像。此想成者,灭除五万亿劫生死之罪,必定当生极乐世界。"

"作是观者,名为正观;若他观者,名为邪观。"

佛告阿难,及韦提希:"见此事已,次当想佛。所以者何?诸佛如来,是法界身,入一切众生心想中。"

"是故汝等,心想佛时,是心即是三十二相,八十随形好,是心作佛,是心是佛。诸佛正遍知海,从心想生,是故应当一心系念,谛观彼佛,多陀阿伽度,阿罗诃,三藐三佛陀。"

"想彼佛者,先当想像,闭目开目,见一宝像,如阎浮檀金色,坐彼华上。见像坐已,心眼得开,了了分明。见极乐国,七宝庄严,宝地宝池,宝树行列,诸天宝幔,弥覆其上,众宝罗网,满虚空中。见如此事,极令明了,如观掌中。"

"见此事已,复当更想一大莲华,在佛左边,如前莲华,等无有异。复作一大莲华,在佛右边。想一观世音菩萨像,坐左华座,亦作金色,如前无异,想一大势至菩萨像,坐右华座。"

"此想成时,佛菩萨像,皆放光明,其光金色,照诸宝树。一一树下,亦有三莲华,诸莲华上,各有一佛二菩萨像,遍满彼国。"

"此想成时,行者当闻水流光明,及诸宝树,凫雁鸳鸯,皆说妙法。出定入定,恒闻妙法,行者所闻,出定之时,忆持不舍,令与修多罗合。若不合者,名为妄想;若与合者,名为粗想。见极乐世界。"

"是为像想,名第八观。"

"作是观者,除无量亿劫生死之罪,于现身中,得念佛三昧。"

佛告阿难,及韦提希:"此想成已,次当更观无量寿佛,身相光明。阿难!当知无量寿佛,身如百千万亿夜摩天阎浮檀金色,佛身高六十万亿那由他恒河沙由旬,眉间白毫,右旋宛转,如五须弥山;佛眼如四大海水,青白分明。身诸毛孔,演出光明,如须弥山。彼佛圆光,如百亿三千大千世界,于圆光中,有百万亿那由他恒河沙化佛。一一化佛,亦有众多无数化菩萨,以为侍者。"

"无量寿佛,有八万四千相;一一相中,各有八万四千随形好;一一好中,复八万四千光明;一一光明,遍照十方世界,念佛众生,摄取不舍。"

"其光明相好,及与化佛,不可具说。但当忆想,令心眼见,见此事者,即见十方一切诸佛。以见诸佛故,名念佛三昧。"

"作是观者,名观一切佛身;以观佛身故,亦见佛心;佛心者,大慈悲是;以无缘慈摄诸众生。"

"作此观者，舍身他世，生诸佛前，得无生忍。是故智者，应当系心，谛观无量寿佛。"

"观无量寿佛者，从一相好入，但观眉间白毫，极令明了。见眉间白毫相者，八万四千相好，自然当现。见无量寿佛者，即见十方无量诸佛。得见无量诸佛故，诸佛现前授记。"

"是为遍观一切色身相，名第九观。"

"作是观者，名为正观；若他观者，名为邪观。"

佛告阿难，及韦提希："见无量寿佛，了了分明已，次亦应观观世音菩萨，此菩萨身长八十万亿那由他由旬，身紫金色，顶有肉髻，项有圆光，面各百千由旬。其圆光中，有五百化佛，如释迦牟尼。一一化佛，有五百化菩萨，无量诸天，以为侍者。举身光中，五道众生，一切色相，皆于中现。"

"顶上毗楞伽摩尼宝，以为天冠。其天冠中，有一立化佛，高二十五由旬。观世音菩萨，面如阎浮檀金色，眉间毫相，备七宝色，流出八万四千种光明。一一光明，有无量无数百千化佛。一一化佛，无数化菩萨以为侍者，变现自在，满十方世界。"

"臂如红莲华色，有八十亿微妙光明，以为璎珞。其璎珞中，普现一切诸庄严事。手掌作五百亿杂莲华色，手十指端，一一指端，有八万四千画，犹如印文。一一画有八万四千色，一一色有八万四千光，其光柔软，普照一切。以此宝手，接引众生。"

"举足时，足下有千辐轮相，自然化成五百亿光明台；下足时有金刚摩尼华，布散一切，莫不弥满。"

"其余身相，众好具足，与佛无异。唯顶上肉髻，及无见顶相，不及世尊。"

"是为观观世音菩萨真实色身相。名第十观。"

佛告阿难："若欲观观世音菩萨者，当作是观。作是观者，不遇诸祸，净除业障，除无数劫生死之罪。如此菩萨，但闻其名，获无量福，何况谛观？"

"若有欲观观世音菩萨者，先观顶上肉髻，次观天冠，其余众相，亦次第观之，悉令明了，如观掌中。作是观者，名为正观；若他观者，名为邪观。"

"次观大势至菩萨，此菩萨身量大小，亦如观世音，圆光面各百二十五由旬，照二百五十由旬。举身光明，照十方国，作紫金色。有缘众生，皆悉得见。但见此菩萨，一毛孔光，即见十方无量诸佛，净妙光明。是故号此菩萨名无边光。"

"以智慧光，普照一切，令离三涂，得无上力。是故号此菩萨，名大势至。"

"此菩萨天冠，有五百宝华。一一宝华，有五百宝台。一一台中。十方诸佛净妙国土，广长之相，皆于中现。顶上肉髻，如钵头摩华。于肉髻上，有一宝瓶，盛诸光明，普现佛事。"

"诸余身相，如观世音，等无有异。"

"此菩萨行时，十方世界，一切震动，当地动处，有五百亿宝华。一一宝华，庄严高显，如极乐世界。此菩萨坐时，七宝国土，一时动摇。"

"从下方光明佛刹，乃至上方光明王佛刹，于其中间，无量尘数分身无量寿佛，分身观世音，大势至，皆悉

云集极乐国土，畟塞空中，坐莲华座，演说妙法，度苦众生。"

"作此观者，名为观见大势至菩萨，是为观大势至色身相。观此菩萨者，名第十一观。"

"除无数劫阿僧祇生死之罪，作是观者，不处胞胎，常游诸佛，净妙国土。"

"此观成时，名为具足观观世音大势至。"

"见此事时，当起自身生于西方极乐世界，于莲华中，结跏趺坐，作莲华合想，作莲华开想。"

"莲华开时，有五百色光，来照身想，眼目开想，见佛菩萨，满虚空中。水鸟树林，及与诸佛所出音声，皆演妙法，与十二部经合。"

"若出定之时，忆持不失，见此事已，名见无量寿佛极乐世界。"

"是为普观想，名第十二观。"

"无量寿佛，化身无数，与观世音，及大势至，常来至此，行人之所。"

佛告阿难，及韦提希："若欲至心，生西方者，先当观于一丈六像，在池水上，如先所说，无量寿佛，身量无边，非是凡夫心力所及。然彼如来宿愿力故，有忆想者，必得成就。但想佛像，得无边福，况复观佛，具足身相？"

"阿弥陀佛，神通如意，于十方国，变现自在。或现大身，满虚空中；或现小身，丈六八尺；所现之形，皆真金色。圆光化佛，及宝莲华，如上所说。"

"观世音菩萨，及大势至，于一切处，身同众生。但观首相，知是观世音，知是大势至，此二菩萨助阿弥陀佛普化一切。"

"是为杂想，名第十三观。"

佛告阿难，及韦提希："上品上生者，若有众生愿生彼国者，发三种心，即便往生。何等为三？一者至诚心，二者深心，三者回向发愿心；具三心者，必生彼国。"

"复有三种众生，当得往生。何等为三？一者慈心不杀，具诸戒行；二者读诵大乘，方等经典；三者修行六念。回向发愿，愿生彼国；具此功德，一日乃至七日，即得往生。"

"生彼国时，此人精进勇猛故，阿弥陀如来，与观世音，大势至，无数化佛，百千比丘，声闻大众，无量诸天，七宝宫殿，观世音菩萨，执金刚台，与大势至菩萨，至行者前，阿弥陀佛放大光明，照行者身，与菩萨授手迎接。观世音，大势至，与无数菩萨，赞叹行者，劝进其心。"

"行者见已，欢喜踊跃，自见其身，乘金刚台，随从佛后，如弹指顷，往生彼国。"

"生彼国已，见佛色身，众相具足；见诸菩萨，色相具足；光明宝林，演说妙法。闻已，即悟无生法忍。经须臾间，历事诸佛，遍十方界，于诸佛前，次第授记，还至本国，得无量百千陀罗尼门。"

"是名上品上生者。"

"上品中生者，不必受持读诵方等经典。善解义趣，于第一义，心不惊动，深信因果，不谤大乘，以此功德回向，愿求生极乐。"

"行此行者，命欲终时，阿弥陀佛，与观世音，大势至，无量大众，眷属围绕，持紫金台，至行者前，赞言：'法子！汝行大乘，解第一义，是故我今来迎接汝！'与千化佛，一时授手。"

"行者自见坐紫金台，合掌叉手，赞叹诸佛，如一念顷，即生彼国。七宝池中，此紫金台，成大莲华，经宿则开。"

"行者身作紫磨金色，足下亦有七宝莲华，佛及菩萨，俱时放光，照行者身，目即开明，因前宿习，普闻众声，纯说甚深第一义谛。即下金台，礼佛合掌，赞叹世尊。"

"经于七日，应时即于阿耨多罗三藐三菩提，得不退转。应时即能飞行，遍至十方，历事诸佛。于诸佛所修诸三昧，经一小劫，得无生忍，现前授记。"

"是名上品中生者。"

"上品下生者，亦信因果，不谤大乘，但发无上道心，以此功德回向，愿求生极乐国。"

"行者命欲终时，阿弥陀佛，及观世音、大势至、与诸菩萨，持金莲华，化作五百佛，来迎此人。五百化佛，一时授手，赞言：'法子！汝今清净，发无上道心，我来迎汝！'"

"见此事时，即自见身坐金莲华，坐已华合，随世尊后，即得往生七宝池中，一日一夜，莲华乃开，七日之中，乃得见佛。虽见佛身，于众相好，心不明了，于三七日后，乃了了见。闻众音声，皆演妙法，游历十方，供养诸佛，于诸佛前，闻甚深法。经三小劫，得百法明门，住欢喜地。"

"是名上品下生者，是名上辈生想，名第十四观。"

佛告阿难，及韦提希："中品上生者，若有众生，受持五戒，持八戒斋，修行诸戒，不造五逆，无众过患，以此善根，回向愿求，生于西方极乐世界。"

"临命终时，阿弥陀佛，与诸比丘，眷属围绕，放金色光，至其人所，演说苦、空、无常、无我，赞叹出家，得离众苦。"

"行者见已，心大欢喜，自见己身，坐莲华台，长跪合掌，为佛作礼，未举头顷，即得往生极乐世界。"

"莲华寻开，当华敷时，闻众音声赞叹四谛，应时即得阿罗汉道。三明六通，具八解脱。"

"是名中品上生者。"

"中品中生者，若有众生，若一日一夜，持八戒齐；若一日一夜，持沙弥戒；若一日一夜，持具足戒；威仪无缺，以此功德回向愿求生极乐国。"

"戒香熏修。如此行者，命欲终时，见阿弥陀佛，与诸眷属，放金色光，持七宝莲华，至行者前，行者自闻空中有声，赞言：'善男子！如汝善人，随顺三世诸佛教法，我来迎汝！'行者自见，坐莲华上。莲华即合，生于西方极乐世界。"

"在宝池中，经于七日，莲华乃敷。华既敷已，开目合掌，赞叹世尊，闻法欢喜，得须陀洹，无半劫已，成阿罗汉。"

"是名中品中生者。"

"中品下生者，若有善男子，善女人，孝养父母，行世仁慈，此人命欲终时，遇善知识，为其广说阿弥陀佛，国土乐事，亦说法藏比丘，四十八愿。"

"闻此事已，寻即命终。譬如壮士，屈伸臂顷，即生西方极乐世界。"

"经七日已，遇观世音，及大势至，闻法欢喜，得须陀洹，过一小劫，成阿罗汉。"

"是名中品下生者。是名中辈生想，名第十五观。"

佛告阿难及韦提希："下品上生者，或有众生作众恶业，虽不诽谤方等经典，如此愚人，多造恶法，无有惭愧，命欲终时，遇善知识，为说大乘十二部经首题名字，以闻如是诸经名故，除却千劫极重恶业。智者复教合掌叉手，称南无阿弥陀佛，称佛名故，除五十亿劫生死之罪。"

"尔时彼佛，即遣化佛，化观世音，化大势至，至行者前，赞言：'善男子！以汝称佛名故，诸罪消灭，我来迎汝！'作是语已，行者即见化佛光明，遍满其室，见已欢喜，即便命终，乘宝莲华，随化佛后，生宝池中。经七七日，莲华乃敷。"

"当华敷时，大悲观世音菩萨，及大势至菩萨，放大光明，住其人前，为说甚深十二部经。闻已信解，发无上道心，经十小劫，具百法明门，得入初地。"

"是名下品上生者。"

佛告阿难，及韦提希："下品中生者，或有众生，毁犯五戒，八戒，及具足戒，如此愚人，偷僧祇物，盗现前僧物，不净说法，无有惭愧。以诸恶业，而自庄严。如此罪人，以恶业故，应堕地狱，命欲终时，地狱众火，一时俱至。"

"遇善知识，以大慈悲，即为赞说阿弥陀佛，十力威德，广赞彼佛，光明神力，亦赞戒定慧，解脱，解脱知见；此人闻已，除八十亿劫生死之罪，地狱猛火化为清凉，风吹诸天华，华上皆有化佛菩萨，迎接此人。"

"如一念顷，即得往生七宝池中，莲华之内，经于六劫，莲华乃敷。观世音，大势至，以梵音声，安慰彼人，为说大乘甚深经典。闻此法已，应时即发无上道心。"

"是名下品中生者。"

佛告阿难，及韦提希："下品下生者，或有众生，作不善业，五逆十恶，具诸不善，如此愚人，以恶业故，应堕恶道，经历多劫，受苦无穷。"

"如此愚人，临命终时，遇善知识，种种安慰，为说妙法，教令念佛，彼人苦逼，不遑念佛；善友告言：'汝若不能念彼佛者，应称无量寿佛，如是至心，令声不绝，具足十念，称南无阿弥陀佛。'称佛名故，所念念中，除八十亿劫生死之罪。"

"命终之时，见金莲华，犹如日轮，住其人前，如一念顷，即得往生极乐世界。"

"于莲华中，满十二大劫，莲华方开，观世音，大势至，以大悲音声，为其广说诸法实相，除灭罪法。闻已欢喜，应时即发菩提之心。"

"是名下品下生者。是名下辈生想，名第十六观。"

说是语时，韦提希与五百侍女，闻佛所说，应时即见极乐世界广长之相，得见佛身，及二菩萨，心生欢喜，叹未曾有，豁然大悟，逮无生忍。五百侍女，发阿耨多罗三藐三菩提心，愿生彼国。世尊悉记，皆当往生。生彼国已，获得诸佛现前三昧。无量诸天，发无上道心。

尔时阿难即从座起，白佛言："世尊！当何名此经？此法之要，当云何受持？"佛告阿难："此经名观极乐国土无量寿佛、观世音菩萨、大势至菩萨，亦名净除业障、生诸佛前，汝当受持，无令忘失。"

"行此三昧者，现身得见无量寿佛，及二大士。若善男子，及善女人，但闻佛名，二菩萨名，除无量劫生死之罪，何况忆念？"

"若念佛者，当知此人，则是人中分陀利华。观世音菩萨，大势至菩萨，为其胜友；当坐道场，生诸佛家。"

佛告阿难："汝好持是语，持是语者，即是持无量寿佛名。"

佛说此语时，尊者目犍连，尊者阿难，及韦提希等，闻佛所说，皆大欢喜。

尔时世尊，足步虚空，还耆阇崛山。尔时阿难，广为大众，说如上事。无量诸天、龙、夜叉，闻佛所说，皆大欢喜，礼佛而退。

大方广佛华严经普贤行愿品

唐罽宾国三藏般若奉诏译

尔时，普贤菩萨摩诃萨，称赞如来胜功德已，告诸菩萨及善财言："善男子！如来功德，假使十方一切诸佛，经不可说不可说佛刹极微尘数劫，相续演说，不可穷尽！若欲成就此功德门，应修十种广大行愿。何等为十？一者、礼敬诸佛。二者、称赞如来。三者、广修供养。四者、忏悔业障。五者、随喜功德。六者、请转法轮。七者、请佛住世。八者、常随佛学。九者、恒顺众生。十者、普皆回向。"

善财白言："大圣！云何礼敬乃至回向？"普贤菩萨告善财言："善男子！言礼敬诸佛者，所有尽法界、虚空界，十方三世一切佛刹，极微尘数诸佛世尊，我以普贤行愿力故，深心信解，如对目前，悉以清净身语意业，常修礼敬。一一佛所，皆现不可说不可说佛刹极微尘数身。一一身，遍礼不可说不可说佛刹及微尘数佛。虚空界尽，我礼乃尽，以虚空界不可尽故，我此礼敬无有穷尽。如此乃至众生界尽，众生业尽，众生烦恼尽，我礼乃尽。而众生界乃至烦恼无有尽故，我此礼敬无有穷尽。念念相续，无有间断，身语意业，无有疲厌。

复次，善男子！言称赞如来者，所有尽法界、虚空界，十方三世一切刹土，所有极微一一尘中，皆有一切世间极微尘数佛；一一佛所，皆有菩萨海会围绕。我当悉以甚深胜解，现前知见，各以出过辩才天女微妙舌根，一一舌根，出无尽音声海，一一音声，出一切言辞海，称扬赞叹一切如来诸功德海。穷未来际，相续不断，尽于法界，无不周遍。如是虚空界尽，众生界尽，众生业尽，众生烦恼尽，我赞乃尽。而虚空界乃至烦恼，无有尽故，我此赞叹无有穷尽。念念相续，无有间断，身语意业，无有疲厌。

复次，善男子！言广修供养者，所有尽法界、虚空界，十方三世一切佛刹极微尘中，一一各有一切世界极微尘数佛，一一佛所，种种菩萨海会围绕。我以普贤行愿力故，起深信解，现前知见，悉以上妙诸供养具而为供养。所谓华云、鬘云、天音乐云、天伞盖云、天衣服云、天种种香、涂香、烧香、末香，如是等云，一一量如须弥山王。然种种灯，酥灯、油灯、诸香油灯，一一灯柱如须弥山，一一灯油如大海水。以如是等诸供养具，常为供养。善男子！诸供养中，法供养最。所谓如说修行供养，利益众生供养，摄受众生供养，代众生苦供养，勤修善根供养，不舍菩萨业供养，不离菩提心供养。善男子！如前供养无量功德，比法供养一念功德，百分不及一，千分不及一，百千俱胝那由他分、迦罗分、算分、数分、喻分、优波尼沙陀分，亦不及一。何以故？以诸如来尊重法故。以如说行，出生诸佛故。若诸菩萨行法供养，则得成就供养如来。如是修行，是真供养故。此广大最胜供养，虚空界尽，众生界尽，众生业尽，众生烦恼尽，我供乃尽，而虚空界乃至烦恼不可尽故，我此供养亦无有尽。念念相续，无有间断，身语意业，无有疲厌。

复次，善男子！言忏悔业障者，菩萨自念：我于过去无始劫中，由贪嗔痴，发身口意，作诸恶业，无量无边。若此恶业有体相者，尽虚空界不能容受。我今悉以清净三业，遍于法界极微尘刹一切诸佛菩萨众前，诚心忏悔，后不复造，恒住净戒一切功德。如是虚空界尽，众生界尽，众生业尽，众生烦恼尽，我忏乃尽，而虚空界乃至众生烦恼不可尽故，我此忏悔无有穷尽。念念相续，无有间断，身语意业，无有疲厌。

复次，善男子！言随喜功德者，所有尽法界、虚空界，十方三世一切佛刹极微尘数诸佛如来，从初发心，为一切智，勤修福聚，不惜身命，经不可说不可说佛刹极微尘数劫，一一劫中，舍不可说不可说佛刹极微尘数头目手足。如是一切难行苦行，圆满种种波罗蜜门，证入种种菩萨智地，成就诸佛无上菩提及般涅槃，分布舍利，所有善根，我皆随喜。及彼十方一切世界，六趣四生，一切种类，所有功德，乃至一尘，我皆随喜。十方三世一切声闻及辟支佛，有学无学，所有功德，我皆随喜。一切菩萨所修无量难行苦行，志求无上正等菩提，广大功德，我皆随喜。如是虚空界尽，众生界尽，众生业尽，众生烦恼尽，我此随喜，无有穷尽。念念相续，无有间断，身语意业，无有疲厌。

复次，善男子！言请转法轮者，所有尽法界、虚空界，十方三世一切佛刹极微尘中，一一各有不可说不可说佛刹极微尘数广大佛刹。一一刹中，念念有不可说不可说佛刹极微尘数一切诸佛成等正觉，一切菩萨海会围绕。而我悉以身口意业，种种方便，殷勤劝请，转妙法轮。如是虚空界尽，众生界尽，众生业尽，众生烦恼尽，我常劝请一切诸佛，转正法轮，无有穷尽。念念相续，无有间断，身语意业，无有疲厌。

复次，善男子！言请佛住世者，所有尽法界、虚空界，十方三世一切佛刹极微尘数诸佛如来，将欲示现般涅槃者，及诸菩萨、声闻、缘觉，有学无学，乃至一切诸善知识，我悉劝请莫入涅槃。经于一切佛刹极微尘数劫，为欲利乐一切众生。如是虚空界尽，众生界尽，众生业尽，众生烦恼尽，我此劝请，无有穷尽。念念相续，无有间断，身语意业，无有疲厌。

复次，善男子！言常随佛学者，如此娑婆世界毗卢遮那如来，从初发心，精进不退，以不可说不可说身命而为布施。剥皮为纸，析骨为笔，刺血为墨，书写经典，积如须弥。为重法故，不惜身命，何况王位、城邑、聚落、宫殿、园林，一切所有，及余种种难行苦行，乃至树下成大菩提，示种种神通，起种种变化，现种种佛身，处种种众会，或处一切诸大菩萨众会道场，或处声闻及辟支佛众会道场，或处转轮圣王、小王眷属众会道场，或处刹利及婆罗门、长者、居士众会道场，乃至或处天龙八部、人非人等众会道场。处于如是种种众会，以圆满音，如大雷震，随其乐欲，成熟众生，乃至示现入于涅槃，如是一切，我皆随学。如今世尊毗卢遮那，如是尽法界、虚空界，十方三世一切佛刹所有尘中一切如来，皆亦如是，于念念中，我皆随学。如是虚空界尽，众生界尽，众生业尽，众生烦恼尽，我此随学，无有穷尽。念念相续，无有间断，身语意业，无有疲厌。

　　复次，善男子！言恒顺众生者，谓尽法界、虚空界，十方刹海所有众生，种种差别。所谓卵生、胎生、湿生、化生；或有依于地、水、火、风而生住者；或有依空及诸卉木而生住者，种种生类，种种色身，种种形状，种种相貌，种种寿量，种种族类，种种名号，种种心性，种种知见，种种欲乐，种种意行，种种威仪，种种衣服，种种饮食，处于种种村营、聚落、城邑、宫殿。乃至一切天龙八部、人非人等，无足、二足、四足、多足、有色、无色、有想、无想、非有想、非无想，如是等类，我皆于彼，随顺而转。种种承事，种种供养。如敬父母，如奉师长及阿罗汉，乃至如来，等无有异。于诸病苦，为作良医。于失道者，示其正路。于闇夜中，为作光明。于贫穷者，令得伏藏。菩萨如是平等饶益一切众生。何以故？菩萨若能随顺众生，则为随顺供养诸佛。若于众生尊重承事，则为尊重承事如来。若令众生生欢喜者，则令一切如来欢喜。何以故？诸佛如来以大悲心而为体故。因于众生，而起大悲；因于大悲，生菩提心；因菩提心，成等正觉。譬如旷野砂碛之中，有大树王，若根得水，枝叶华果悉皆繁茂。生死旷野菩提树王，亦复如是。一切众生而为树根，诸佛菩萨而为华果，以大悲水饶益众生，则能成就诸佛菩萨智慧华果。何以故？若诸菩萨以大悲水饶益众生，则能成就阿耨多罗三藐三菩提故。是故菩提属于众生。若无众生，一切菩萨终不能成无上正觉。善男子！汝于此义，应如是解。以于众生心平等故，则能成就圆满大悲。以大悲心随众生故，则能成就供养如来。菩萨如是随顺众生，虚空界尽，众生界尽，众生业尽，众生烦恼尽，我此随顺无有穷尽。念念相续，无有间断，身语意业，无有疲厌。

　　复次，善男子！言普皆回向者，从初礼拜乃至随顺所有功德，皆悉回向，尽法界、虚空界一切众生。愿令众生，常得安乐，无诸病苦。欲行恶法，皆悉不成。所修善业，皆速成就。关闭一切诸恶趣门，开示人天涅槃正路。若诸众生，因其积集诸恶业故，所感一切极重苦果,我皆代受,令彼众生,悉得解脱,究竟成就无上菩提。菩萨如是所修回向,虚空界尽,众生界尽,众生业尽,众生烦恼尽,我此回向,无有穷尽。念念相续,无有间断,身语意业,无有疲厌。

善男子!是为菩萨摩诃萨十种大愿,具足圆满。若诸菩萨,于此大愿,随顺趣入,则能成熟一切众生,则能随顺阿耨多罗三藐三菩提,则能成满普贤菩萨诸行愿海。

是故善男子!汝于此义,应如是知。若有善男子、善女子,以满十方无量无边不可说不可说佛刹极微尘数一切世界,上妙七宝,及诸人天最胜安乐,布施尔所一切世界所有众生,供养尔所一切世界诸佛菩萨,经尔所佛刹极微尘数劫,相续不断,所得功德;若复有人,闻此愿王,一经于耳,所有功德,比前功德,百分不及一,千分不及一,乃至优波泥沙陀分亦不及一。或复有人,以深信心,于此大愿,受持读诵,乃至书写一四句偈,速能除灭五无间业。所有世间身心等病,种种苦恼,乃至佛刹极微尘数一切恶业,皆得消除。一切魔军、夜叉、罗刹、若鸠槃茶、若毗舍阇、若部多等,饮血啖肉诸恶鬼神,皆悉远离。或时发心,亲近守护。是故若人诵此愿者,行于世间,无有障碍。如空中月,出于云翳。诸佛菩萨之所称赞,一切人天皆应礼敬,一切众生悉应供养。此善男子,善得人身,圆满普贤所有功德。不久当如普贤菩萨,速得成就微妙色身,具三十二大丈夫相。若生人天,所在之处,常居胜族,悉能破坏一切恶趣,悉能远离一切恶友,悉能制服一切外道,悉能解脱一切烦恼。如师子王摧伏群兽,堪受一切众生供养。又复是人临命终时,最后刹那,一切诸根悉皆散坏;一切亲属悉皆舍离;一切威势悉皆退失;辅相大臣、宫城内外、象马车乘、珍宝伏藏,如是一切无复相随。唯此愿王,不相舍离,于一切时,引导其前。一刹那中,即得往生极乐世界。到已即见阿弥陀佛、文殊师利菩萨、普贤菩萨、观自在菩萨、弥勒菩萨等。此诸菩萨,色相端严,功德具足,所共围绕。其人自见生莲华中,蒙佛授记。得授记已,经于无数百千万亿那由他劫,普于十方不可说不可说世界,以智慧力,随众生心而为利益。不久当坐菩提道场,降服魔军,成等正觉,转妙法轮。能令佛刹极微尘数世界众生,发菩提心,随其根性,教化成熟,乃至尽于未来劫海,广能利益一切众生。

善男子!彼诸众生,若闻、若信此大愿王,受持读诵,广为人说,所有功德,除佛世尊,余无知者。是故汝等,闻此愿王,莫生疑念,应当谛受。受已能读,读已能诵,诵已能持,乃至书写,广为人说。是诸人等,于一念中,所有行愿,皆得成就;所获福聚,无量无边!能于烦恼大苦海中,拔济众生,令其出离,皆得往生阿弥陀佛极乐世界。"

尔时,普贤菩萨摩诃萨,欲重宣此义,普观十方,而说偈言:

"所有十方世界中,三世一切人师子,我以清净身语意,一切遍礼尽无余。

普贤行愿威神力，普现一切如来前，一身复现刹尘身，一一遍礼刹尘佛。

于一尘中尘数佛，各处菩萨众会中，无尽法界尘亦然，深信诸佛皆充满。

各以一切音声海，普出无尽妙言辞，尽于未来一切劫，赞佛甚深功德海。

以诸最胜妙华鬘，伎乐涂香及伞盖，如是最胜庄严具，我以供养诸如来。

最胜衣服最胜香，末香烧香与灯烛，一一皆如妙高聚，我悉供养诸如来。

我以广大胜解心，深信一切三世佛，悉以普贤行愿力，普遍供养诸如来。

我昔所造诸恶业，皆由无始贪嗔痴，从身语意之所生，一切我今皆忏悔。

十方一切诸众生，二乘有学及无学，一切如来与菩萨，所有功德皆随喜。

十方所有世间灯，最初成就菩提者，我今一切皆劝请，转于无上妙法轮。

诸佛若欲示涅槃，我悉至诚而劝请，唯愿久住刹尘劫，利乐一切诸众生。

所有礼赞供养福，请佛住世转法轮，随喜忏悔诸善根，回向众生及佛道。

我随一切如来学，修习普贤圆满行，供养一切诸如来，及与现在十方佛。

未来一切天人师，一切意乐皆圆满，我愿普随三世学，速得成就大菩提。

所有十方三世刹，广大清净妙庄严，众会围绕诸如来，悉在菩提树王下。

十方所有诸众生，愿离忧患常安乐，获得甚深正法利，灭除烦恼尽无余。

我为菩提修行时，一切趣中成宿命，常得出家修净戒，无垢无破无穿漏。

天龙夜叉鸠槃茶，乃至人与非人等，所有一切众生语，悉以诸音而说法。

勤修清净波罗密，恒不忘失菩提心，灭除障垢无有余，一切妙行皆成就。

于诸惑业及魔境，世间道中得解脱，犹如莲华不着水，亦如日月不住空。

悉除一切恶道苦，等与一切群生乐，如是经于刹尘劫，十方利益恒无尽。

我常随顺诸众生，尽于未来一切劫，恒修普贤广大行，圆满无上大菩提。

所有与我同行者，于一切处同集会，身口意业皆同等，一切行愿同修学。

所有益我善知识，为我显示普贤行，常愿与我同集会，于我常生欢喜心。

愿常面见诸如来，及诸佛子众围绕，于彼皆兴广大供，尽未来劫无疲厌。

愿持诸佛微妙法，光显一切菩提行，究竟清净普贤道，尽未来劫常修习。

我于一切诸有中，所修福智恒无尽，定慧方便及解脱，获诸无尽功德藏。

一尘中有尘数刹，一一刹有难思佛，一一佛处众会中，我见恒演菩提行。

普尽十方诸刹海，一一毛端三世海，佛海及与国土海，我遍修行经劫海。

一切如来语清净，一言具众音声海，随诸众生意乐音，一一流佛辩才海。

三世一切诸如来，于彼无尽语言海，恒转理趣妙法轮，我深智力普能入。

我能深入于未来，尽一切劫为一念，三世所有一切劫，为一念际我皆入。

我于一念见三世，所有一切人师子，亦常入佛境界中，如幻解脱及威力。

于一毛端极微中，出现三世庄严刹，十方尘刹诸毛端，我皆深入而严净。

所有未来照世灯，成道转法悟群有，究竟佛事示涅槃，我皆往诣而亲近。

速疾周遍神通力，普门遍入大乘力，智行普修功德力，威神普覆大慈力。

遍净庄严胜福力，无著无依智慧力，定慧方便威神力，普能积集菩提力，

清净一切善业力，摧灭一切烦恼力，降服一切诸魔力，圆满普贤诸行力。

普能严净诸刹海，解脱一切众生海。善能分别诸法海，能甚深入智慧海。

普能清净诸行海，圆满一切诸愿海，亲近供养诸佛海，修行无倦

经劫海。

三世一切诸如来，最胜菩提诸行愿，我皆供养圆满修，以普贤行悟菩提。

一切如来有长子，彼名号曰普贤尊，我今回向诸善根，愿诸智行悉同彼。

愿身口意恒清净，诸行刹土亦复然，如是智慧号普贤，愿我与彼皆同等。

我为遍净普贤行，文殊师利诸大愿，满彼事业尽无余，未来际劫恒无倦。

我所修行无有量，获得无量诸功德，安住无量诸行中，了达一切神通力。

文殊师利勇猛智，普贤慧行亦复然，我今回向诸善根，随彼一切常修学。

三世诸佛所称叹，如是最胜诸大愿，我今回向诸善根，为得普贤殊胜行。

愿我临欲命终时，尽除一切诸障碍，面见彼佛阿弥陀，即得往生安乐刹。

我既往生彼国已，现前成就此大愿，一切圆满尽无余，利乐一切众生界。

彼佛众会咸清净，我时于胜莲华生，亲睹如来无量光，现前授我菩提记。

蒙彼如来授记已，化身无数百俱胝，智力广大遍十方，普利一切众生界。

乃至虚空世界尽，众生及业烦恼尽，如是一切无尽时，我愿究竟恒无尽。

十方所有无边刹，庄严众宝供如来，最胜安乐施天人，经一切刹微尘劫。

若人于此胜愿王，一经于耳能生信，求胜菩提心渴仰，获胜功德过于彼。

即常远离恶知识，永离一切诸恶道，速见如来无量光，具此普贤最胜愿。

此人善得胜寿命，此人善来人中生，此人不久当成就，如彼普贤菩萨行。

往昔由无智慧力，所造极恶五无间，诵此普贤大愿王，一念速疾皆消灭。

族姓种类及容色，相好智慧咸圆满，诸魔外道不能摧，堪为三界所应供。

速诣菩提大树王，坐已降服诸魔众，成等正觉转法轮，普利一切诸含识。

若人于此普贤愿，读诵受持及演说，果报唯佛能证知，决定获胜菩提道。

若人诵持普贤愿，我说少分之善根，一念一切悉皆圆，成就众生清净愿。

我此普贤殊胜行，无边胜福皆回向，普愿沉溺诸众生，速往无量光佛刹。"

尔时，普贤菩萨摩诃萨，于如来前，说此普贤广大愿王清净偈已。善财童子，踊跃无量，一切菩萨，皆大欢喜。如来赞言："善哉！善哉！"尔时，世尊与诸圣者菩萨摩诃萨，演说如是不可思议解脱境界胜法门时，文殊师利菩萨而为上首。诸大菩萨，及所成熟六千比丘，弥勒菩萨而为上首。贤劫一切诸大菩萨，无垢普贤菩萨而为上首。一生补处住灌顶位诸大菩萨，及余十方种种世界，普来集会。一切刹海极微尘数菩萨摩诃萨众、大智舍利弗、摩诃目犍连等而为上首。诸大声闻，并诸人天一切世主、天、龙、夜叉、乾闼婆、阿修罗、迦楼罗、紧那罗、摩侯罗伽、人非人等一切大众，闻佛所说，皆大欢喜，信受奉行。

大势至菩萨念佛圆通章

唐天竺沙门般剌密帝译

大势至法王子,与其同伦五十二菩萨,即从座起,顶礼佛足,而白佛言。我忆往昔,恒河沙劫,有佛出世,名无量光。十二如来,相继一劫。其最后佛,名超日月光。彼佛教我,念佛三昧。譬如有人,一专为忆,一人专忘。如是二人,若逢不逢,或见非见。二人相忆,二忆念深。如是乃至从生至生,同于形影,不相乖异。十方如来,怜念众生,如母忆子。若子逃逝,虽忆何为。子若忆母,如母忆时,母子历生,不相违远。若众生心,忆佛念佛,现前当来,必定见佛。去佛不远,不假方便,自得心开。如染香人,身有香气,此则名曰香光庄严。我本因地,以念佛心,入无生忍。今于此界,摄念佛人,归于净土。佛问圆通,我无选择。**都**摄六根,净念相继,得三摩地,斯为第一。

谨以此书献给全球佛经阅读者，佛教研究者，佛学爱好者，以及佛教信仰者。

www.ingramcontent.com/pod-product-compliance
Lightning Source LLC
Chambersburg PA
CBHW052106110526
44591CB00013B/2374